学校を最高のチームにする極意

職員室の関係づくりサバイバル

うまくやるコツ20選

赤坂 真二 編著

まえがき

　若い頃，民間教育団体のあるセミナーに参加しました。そこで講師を務めていた実践家が，研修会の後の懇親会で会場を見渡しながら「俺は，こうして全国に仲間がいるから，職場では好かれなくていいんだ」と仰っていました。世間をよく理解していなかった私は，「さすがに一流は言うことが違う。カッコイイな」と思いました。確かにそうしたセミナーに集まる先生方は，とても向上心があり，よく勉強していて，エネルギーに満ちあふれていました。そこで講師を務めるような方は，とても輝いて見えました。
　それに比して職場では，授業や子どもたちの話よりも，流行のドラマの話や昨日漬けた漬け物の出来具合の話，息子や旦那の自慢話や情けない話などが蔓延していました。私は，そうした文化とは一線を引き，誰よりも学級通信を発行し，盛り上がる授業をしようと勉強しました。また，研究授業の協議会では，「どんどん意見を言ってください」という言葉を真に受けて，相手が先輩であろうと容赦なく批判的な意見を述べました。そうした時間の中で，「あいつは礼儀を知らない」「生意気だ」と言われるようになりました。しかし，それは，当時の私にとっては非難ではなく，称賛に聞こえました。そうした自分の振る舞いを一部で支持してくれた人もいたからです。
　しかし，そんなある日，大失敗をします。保護者にも連絡をしなくてはならないような大きな失敗です。天狗になっていた私は，高い崖から突き落とされたような気分になり，すっかり自信をなくし，落ち込みました。新採用2年目のことでした。しかし，当時の学年主任は，多大な迷惑をかけたのにもかかわらず，一言も私を叱りませんでした。むしろ，「大丈夫，誰にでもあることだから」と笑顔で励まし続けてくれました。「人はいいけど，実践は冴えない」と思っていた先輩は，普段はそんなに話をしないのに，突然「ご飯食べに行こう」と誘ってくれました。失敗には微塵も触れず，「今日は，奥さん，いないからさ」と定食を奢ってくれました。退職間際の昨年の学年主任は，「今日は

よく漬かったの。食べて」といつもと変わらずに職員室で漬け物をふるまってくれました。

　私はそのとき，ようやく気づきました。自分の幼さと傲慢さに。自分は心のどこかでセミナーに集うような方々に憧れ，同時に，同僚に対して尊敬の気持ちを欠いていました。同僚の僚には「仲間」という意味があります。職場の皆さんは，私を仲間として見ていてくれましたが，私は，皆さんにとって仲間ではなかったと思います。それから多くの同僚と出会いました。自分にきつく接する方もいましたが，これまで一緒に務めた方々のおかげで，職場でよい関係をつくることができない教師が，教室でよい関係性をつくることはできないことを学びました。

　今，子どもたちより，保護者よりも「職員室がつらい」という声を聞きます。そんな方たちのための何かの助けになればと思い，本書を企画しました。

　本書の理論編は，私，赤坂が担当しました。職場の人間関係の捉え方を考察しました。また，実践編は，職場の現実と向き合いながら，同僚とよい関係をつくってきた小中学校各10名ずつの計20名の実践家（虎竹信之介，松下崇，長崎祐嗣，蜂谷太朗，北森恵，和田望，近藤佳織，内藤慎治，荒巻保彦，永地志乃，吉田聡，曽根原至，黒田麻友美，永谷光裕，井口真紀，堀川真理，渡部智和，松井晃一，大谷啓介，山本宏幸）が担当しました。ところ変われば，ルールや流儀も変わります。これまでのシリーズに比べ，執筆者が多いのは，多様な職場の状況に対応するためです。次の4点からまとめられています。①同僚と「いい関係」になるための心得，②同僚とうまくやるコツ，③合わない人とうまくやるコツ，④初任者のためのサバイバルテクニックの4つの観点で記述されています。これらの実践から，自分に合っていそうな，そして，やれそうなものを選んでいただき，やれるところから試していただきたいと思います。

　本当に力のある教師は，同僚とうまくやるための考え方と方法をもっています。当たり前のようでいて，とても難しいテーマに挑んだ一冊です。

赤坂　真二

まえがき

第1章 職員室を生きるたった一つの解決策

1　あなたの職員室はチームか　12
2　職員室の関係性の影響力　13
3　たった一つの解決策　17
4　好かれなくていい，仲よくしなくていい……ただ　22

「職員室の関係づくりサバイバル」の使い方

※第2章の実践編は，下記の内容を中心にまとめています。

❶**同僚と「いい関係」になるための心得**
▶職場人，社会人，組織人として大事にしていることの総論です。

❷**同僚とうまくやるコツ**
▶上司，年下，年上，同年代と相手の立場別にエピソードを交えて，「いい関係づくり」のコツをまとめています。

❸**合わない人とうまくやるコツ**
▶どの職場にも，自分とは合わない人がいるものです。そうした人をどのように捉え，どのように付き合っていけばよいかをまとめています。

❹**初任者のためのサバイバルテクニック**
▶理想と現実のギャップに驚き，悩んでいる初心者が1年間を何とか乗り切るために大事なことを示しています。

第2章 職場で「いい関係」を築くサバイバル術

職員室の関係づくり
サバイバル 実践編

小学校

① こつこつコミュニケーション 26
  1 同僚と「いい関係」になるための心得 26
  2 同僚と「いい関係」になるコツ 28
  3 合わない人とはこう付き合う 32
  4 初心者のための職員室サバイバルテクニック 33

② 過程派？結果派？タイプ別でみる同僚と良好な人間関係になる方法 34
  1 同僚と良好な人間関係になるポイント 34
  2 同僚は過程派？結果派？うまく会話するコツ 36
  3 職場にどうしても合わない人がいたら…… 40
  4 初任者はうまくいかなくて当然！したたかに働け！ 41

③ 関係づくりの「か・き・く・け・こ」 42
  1 同僚と「いい関係」になるための心得 42
  2 同僚と「いい関係」になるコツ 44
  3 合わない人とはこう付き合う 48
  4 初任者のためのサバイバルテクニック 49

④ 職員室は目指す教室の縮図 50
  ～「ありがとう」と「助けて」が飛び交うチームに～
  1 自分がしてほしいことをする 50
  2 ポジティブなオーラを出す 51
  3 上司：「上司とうまくやる」＝「上司に認めてもらう」 52
  4 年上：「おかげさま」の気持ち 53
  5 年下：「ついてこい！」ではなく「一緒につくる」 54
  6 同世代：切磋琢磨する"よきライバル"であれ 55
  7 合わない人との付き合い方 56
  8 弱みを見せても大丈夫 57

⑤ 失敗できる職員室づくりのススメ 58
  1 同僚と「いい関係」になるための心得～「＋α」と「＋一言」～ 58

  2 同僚と「いい関係」になるコツ 60
  3 合わない人とはこう付き合う～合わないからこそ合わせる～ 64
  4 初任者のための職員室サバイバルテクニック～1週間単位で乗り切る～ 65

6 新採用教諭がうまく教員1年目を乗り切るために同僚教師ができること 66
  ～上下関係ではなく，対等な関係を～
  1 教師の悩みのほとんどは，職員室内の人間関係にある 66
  2 初任者教師の気持ち 67
  3 若手とつながるための心構え～上下関係からの脱却～ 67
  4 言葉のかけ方を見直す 68
  5 職員室の会話の内容を考える 69
  6 初任者育成のための3ステップ 70
  7 最後に 73

7 当たり前のことを誠実に続ける 74
  1 同僚と「いい関係」をつくる日々の振る舞い 74
  2 仕事をスムーズに進めるための世代別振る舞い 76
  3 もしも合わない人がいたときの振る舞い 80
  4 素直さと，こぼせる仲間をもち，成長する 81

8 こうすれば仕事が楽しくなる！ 82
  1 同僚と「いい関係」になるための心得 82
  2 管理職とうまくやるコツ 84
  3 年下とうまくやるコツ 85
  4 年上とうまくやるコツ 86
  5 同年代とはこう付き合う 87
  6 合わない人とはこう付き合う 88
  7 初任者のための職員室サバイバルテクニック 89

9 ノンプライダー参上（プライドなんてくそくらえ） 90
  1 同僚と「いい関係」になるための心得 90
  2 同僚と「いい関係」になるコツ 92
  3 合わない人とはこうつき合う 96
  4 初任者のための職員室サバイバルテクニック 97

⑩ アホになれ 98
　1　同僚と「いい関係」になるための心得　98
　2　同僚とうまくやるコツ　100
　3　合わない人とうまくやるコツ〜感謝し，称賛せよ〜　104
　4　初任者のためのサバイバルテクニック〜力を抜く時間を確保せよ〜　105

[中学校]

⑪ 自ら人とつながる努力が職員室での居場所をつくる　106
　1　同僚と「いい関係」になるための心得　106
　2　同僚とうまくやるコツ　108
　3　合わない人とうまくやるコツ　112
　4　初任者のためのサバイバルテクニック　113

⑫ 「いい関係」とは「信頼関係」　114
　1　同僚と「いい関係」になるための心得　114
　2　同僚と「いい関係」になるコツ　116
　3　合わない人とはこう付き合う　119
　4　初任者のための職員室のサバイバルテクニック　121

⑬ 若手教師の視点から〜先輩と大先輩に囲まれて〜　122
　1　同僚と「いい関係」になるための心得　122
　2　同僚と「いい関係」になるコツ　124
　3　合わない人とはこう付き合う　128
　4　初任者のための職員室サバイバルテクニック　129

⑭ 同僚からの信頼を得る!!　130
　1　同僚と「いい関係」になるための心得　130
　2　同僚と「いい関係」になるコツ　132
　3　合わない人とはこう付き合う　136
　4　初任者のための職員室サバイバルテクニック　137

⑮ 敵より味方を増やす方法　138
　1　私が大切にしている「職員室での心得」　138
　2　人と付き合う「心得」　140
　3　トラブルから振り返る　143
　4　私のサバイバルテクニック　144

⑯ 職員室の関係づくり？そんなの考えちゃいけない！　146
　1　同僚と「いい関係」になる心得　146
　2　同僚と「いい関係」になるコツ　148
　3　合わない人とは　152
　4　初任者のための職員室サバイバルテクニック　153

⑰ 付き合いやすいか付き合いにくいかを決めているのは自分自身である　154
　1　「いい関係」とはどのような関係か　154
　2　同僚との付き合い方〜校内研修編〜　157
　　《Episode 1》　管理職の思いや願いを傾聴する　157
　　《Episode 2》　後輩にはよさを指摘し，よりよくなるアドバイスをする　157
　　《Episode 3》　同年代とは授業の悩みを共有する　159
　　《Episode 4》　一歩踏み出せば状況は変わる　160
　3　若い教師の皆さんへ　161

⑱ 学校改善は職員室の雰囲気から　162
　1　同僚と「いい関係」になるための心得　162
　2　同僚とうまくやるコツ　164
　3　合わない人とうまくやるコツ　168
　4　初任者のためのサバイバルテクニック　169

⑲ 若手発信の「いい空気」が職員室を変える！　170
　1　『若さ』で発信，職員室に「いい空気」！　170
　2　職員室で「いい空気」をつくる4つのコツ　172
　3　合わない人と難しくなるのは，「合わせよう」とするからだ！　176
　4　初任者の「気配り」と「強み」が空気を変える！　177

⑳ 「俺たちはチームだ」　178
　1　同僚と「いい関係」になるための心得　178
　2　同僚とうまくやるコツ　180
　3　合わない人とうまくやるコツ　184
　4　初任者のためのサバイバルテクニック　185

あとがき

第1章

職員室を生きる たった一つの解決策

職員室の関係づくり
サバイバル 理論編

1 あなたの職員室はチームか

　平成27年12月21日中央教育審議会の「チームとしての学校の在り方と今後の改善方策について（答申）」の中で，「チーム学校」の必要性が訴えられています。その背景として，

　「学校が，複雑化・多様化した課題を解決し，子供に必要な資質・能力を育んでいくためには，学校のマネジメントを強化し，組織として教育活動に取り組む体制を創り上げるとともに，必要な指導体制を整備することが必要である。その上で，生徒指導や特別支援教育等を充実していくために，学校や教員が心理や福祉等の専門スタッフ等と連携・分担する体制を整備し，学校の機能を強化していくことが重要である。このような「チームとしての学校」の体制を整備することによって，教職員一人一人が自らの専門性を発揮するとともに，心理や福祉等の専門スタッフ等の参画を得て，課題の解決に求められる専門性や経験を補い，子供の教育活動を充実していくことが期待できる。学校において，子供が成長していく上で，教員に加えて，多様な価値観や経験を持った大人と接したり，議論したりすることは，より厚みのある経験を積むことができ，「生きる力」を定着させることにつながる」

と説明されています。学校を取り巻く環境の変化，それに伴う学校が対応すべき問題が複雑化し，高度化する中で，外部連携は必須になっています。これからも外部連携は大いに進めるべきです。しかし，チームがどのような構造をもつものであるかを理解せずに，チーム，チームというのは少し安易すぎないでしょうか。皆さんは，これまでチームとは何かを真剣に考えたことがあるでしょうか。私自身，今のように大人によって編成される集団を率いるまで，明確に「チームとは何か？」を考えてこなかったように思います[(1)]。子どもの頃，部活や学校の行事などで，仲間と何かを一緒にするときは，「俺たちはチーム

だ」なんて言っていたことはありますが，では，「チームとは何か？」と聞かれたら，説明できなかったように思います。皆さんは，いかがでしょうか。

心理学者の山口裕幸氏によると，チームの条件は次の4つあります[2]。

① 達成すべき明確な目標の共有
② メンバー間の協力と相互依存関係
③ 各メンバーに果たすべき役割の割り振り
④ チームの構成員とそれ以外との境界が明確

チームには達成すべき共通の目標があります。チームとは，1人ではできない課題を協働によって解決する集団という性格をもちます。また，チームのメンバーには協力的で依存し合う人間関係があります。確かに，こうした関係がなかったら協働による目標達成などかなり難しいことです。そして，第三には，各メンバーにはそれぞれ目標達成に向けた役割が割り振られます。ある者には役割があり，ある者には役割がないという状態が続いたら，遅かれ早かれ不協和音が起こるでしょう。モチベーションに差が出てくるからです。そして，最後にメンバーとそれ以外の境界線がきちんとあることです。誰がメンバーかわからない状態では，誰と協力していいかわからなくなってしまいます。

あなたの学校の職員室はチームになっているでしょうか。「チーム学校」は，理想的な姿です。学校はチームであるべきです。しかし，私は，非常に難しいと思っています。

2 職員室の関係性の影響力

「目標の共有」ということ一つとっても，学校はなかなかそれができない現状を多く目の当たりにします。バスケットボールやサッカーのようなスポーツなら話は容易いです。「試合に勝つ」「〇〇大会優勝」など，端的な言葉でその目標を表現しやすいので，その共有も比較的容易です。しかし学校は，教育目

標を掲げていますが,「考える子,やりぬく子,元気な子」などと言われても漠然としすぎていて,目標として共有できるかはとても難しいところです。

そこで,先生方に現実的な課題を聞いてみます。「先生の学校の課題は何ですか」とお聞きすると,「何ですかねえ……」という答えは希ですが,返ってきたとしても,内容がバラバラだったりします。それでも生徒指導困難校などは,すぐに「生徒指導です」と即答されます。しかし,だからといってベクトルがそろっていても,共通した取り組みやそこに向かった役割分担などが確認されていない場合がほとんどです。そして,もう一つの重要な課題は,職員間の協力的関係性の有無です。いじめ,不登校,学級崩壊などの従来からの課題に加え,上記の答申にもあるように,これから,アクティブ・ラーニングやインクルーシブ教育,そして,カリキュラム・マネジメントなどと言い出したら,もう,各クラス,学年レベルの取り組みでは追いつかない話になります。職員全体に協働的な関係性が求められます。

しかし,

> 職員関係でストレスを感じる教師は少なくはない

ようです。

平成27年1月20日の文部科学省初等中等教育局初等中等教育企画課「学校や教職員の現状について」(初等教育分科会チーム学校作業部会参考資料1)によれば,「日本では,『他の教員の授業を見学し,感想を述べる』という項目に『行っていない』と回答した教員が参加国平均に比べて極めて低い(日本6.1%,平均44.7%)一方で,『同僚と教材のやりとりをしていない』(日本11.1%,平均7.4%),『特定の生徒の学習の向上について議論を行っていない』(日本6.0%,平均3.5%),『他の教員と共同して,生徒の学習の進捗状況を評価する基準を定めることを行っていない』(日本16.6%,平均8.8%),『専門性を高めるための勉強会に参加していない』(日本18.8%,平均15.7%)と回答した教員の割合は,参加国平均より高い」ことが指摘されています(出典:平成25年OECD国際教員指導環境調査(TALIS))。

日本が互いの授業を見合うような授業研究を実施していたことは世界に知られていますが、その割には、

> 教員間の協力が、他国に比べてそれほど進んではいない

ことがわかります。
　また、前掲の資料における教職員のストレス要因に関する調査（出典：「平成24年度教職員のメンタルヘルスに関する調査」（文部科学省委託調査））では、教諭職において、同僚との人間関係について「常にある」「ときどきある」とした割合が、小学校で36.1％、中学校で39％、高校で40.6％、特別支援学校で49.2％と示されました。校種によって差がありますが、4割から5割の教師が、同僚との関係性においてストレスを感じることがあるようです。大人同士の付き合いですから、ストレスがないほうが現実味に欠ける回答かと思われますが、少なからず、職員間の関係性は教師にとってストレス要因になっているようです。
　ここで私が言いたいのは、外部連携も大事ですが、その前に

> 内部連携をもっと強化する必要がある

ということです。「大人同士の関係性だから、仲がよくなくていい」と言ってしまえばそれまでですが、協力的な関係性が築けないところに、チーム学校などあり得ないでしょう。学校内部の連携が希薄なままに、外部連携を進めたらどういうことが起こるでしょうか。想像には難くありません。それこそ、

> 外部との関係性に引っ張られて、内部の連携が分解されてしまう

ことになります。職場の崩壊も現実になることでしょう。
　そもそも職員関係の悪い職場で、皆さんは十分に能力を発揮できますか。自分のことを誰も認めない、がんばっているのに悪口を言われ……そんな職場でやる気が出るでしょうか。職場の人間関係の影響は、教師のやる気だけにとどまりません。中谷素之氏は、図1のように、職場の人間関係の有り様が、子どもたちのやる気にも影響することを指摘しています[3]。これは少し考えてみ

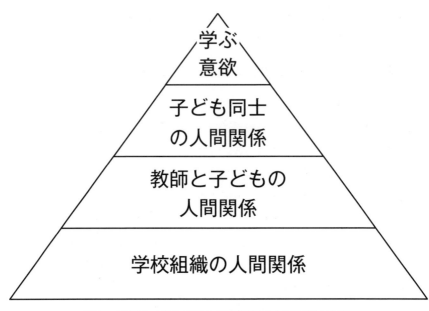

図1　子どもの学ぶ意欲と学校組織の人間関係の関連
（中谷，2007をもとに筆者が作成）

ればわかることです。職員室の人間関係がうまくいっていなければ，教師のモチベーションが下がります。教師のモチベーションが下がると，教師が子どもたちに向き合えなくなります。

　「そんなことはない」と言う人もいるかもしれませんが，それは，教師と子どもたちの関係性がよいときだけです。教師と子どもたちの関係性は，いいときばかりではありません。ゆらぎます。そのゆらぎを支えてくれるのは同僚の支援です。それに教育活動を展開するにしても，今の学校はたったひとりではできない仕組みになっています。総合的な学習や学校行事など，学年や全校で動くことが多々あります。支援員さんたちや通級指導の先生方とも連携していかねばなりません。そうしたときに，関係性が悪いといちいち動きが滞ります。

　教師が子どもたちを支えることができれば，子どもたちが学級でのびのびと行動できますから，子どもたちの関係性もよくなります。何よりも，教師の感

情的安定が，子どもたちの安定につながり，子ども同士の関係性をよくします。よって，子どもたちの学習意欲も高まるということです。

> 職員室の人間関係をよくすることは，教師がその責任を全うするためには不可欠

なことです。

3 たった一つの解決策

　さて，本書の実践編では，それぞれの現場で良好な同僚関係を築いている実践家たちに，職員室でうまくやるための振る舞い方のポイントを具体的に示してもらっています。詳細はそちらをお読みいただきたいと思います。ここでは，皆さんを最も悩ますであろう「うまくやれない」相手，それも，「うまくやろうとしてくれない」相手とどう向き合うかについて絞って話をしたいと思います。少し厳しい話も出てくるかもしれません。

　もし，あなたに今，苦手な同僚がいて，その同僚との関係性を何とかしたいと思っていたら，解決策は一つしかありません。それは，

> あなたが変わるしかない

のです。これは，職員室に限らず，人間関係を改善するためには共通の法則です。相手に変わってほしいと思っているうちは，まず，うまくいきません。大体，相手を変えることなどできるでしょうか。強制力によって変えようとする人もいますが，今の世の中では，まず無理と言っていいでしょう。相手を変えるにはコストがかかりすぎます。大きな犠牲を払うことになるでしょう。だったら，自分を変えたほうがはるかに近道です。

　あなたの苦手とする対象は，なぜ，あなたとうまくいかないのでしょうか。生理的に受け入れられないからでしょうか。生理的に受け入れられない人がその対象だとしたら，残念ながら，本稿の対象外です。本稿で対象とするのは，

あなたに対してなかなか協力的になろうとしない人の場合です。しかし，どうでしょう。生理的に受け入れられない人は，最初からそんなに存在するものでしょうか。

　多くの場合，その人との「残念な関わり」が何度かあって，それが積み重なって，その人に対して苦手意識が芽生え，あなたにとって「気になる」存在になったのではないでしょうか。例えば，挨拶をしたのに向こうが返さなかった，恐らく悪気はないが気に障ることを言われた，自分が言いたくないのに根掘り葉掘りいろいろ探られたなどなど……他人が見たら些細なことだと思われることです。しゃべり方が嫌い，顔が好みではない，所作が不愉快などのレベルの人と出会うことは，皆無とは言いませんが，あまり想定できないのではないでしょうか。

　その人とうまくやるには，まず，その人を理解することです。それでは，なぜ，その人はあなたに対して「気になる行動」をするのでしょうか。今，「気になる行動」と表現しましたが，それは，教室の「気になる子」の「気になる行動」と原理が同じであることが多いからです。「気になる子」の「気になる行動」は，その場では許容されない行動をとります。いわゆる，不適切な行動です。不適切な行動は，相手からねらいとする感情を引き出すことを目的として行われます。

　例えば，気になる子は，立ち歩いてはいけないときに立ち歩きます。声を上げてはいけないときに声を出します。しゃべってはいけないときにしゃべります。それは，多くの場合，教師の関心を引くためです。そう，不適切な行動には，相手役がいます。教室では，教師が気になる子の不適切な行動の相手役になっています。相手が子どもたちだったら，スルーをするなどの対処をすることも可能でしょう。しかし，職員室の場合，相手が大人であるが故に，一つ一つに相手をしてしまっている可能性があります。

　そのお相手が，あなたを認めないこと，あなたに自慢話をすること，あなたに言いがかりをつけるように注意をすること，あなたに挨拶を返さないこと，あなたに嫌みを言うこと……それは，

> すべて，あなたがそのときに感じる感情を引き出すため

です。そのお相手が，あなたの気になる行動をしたときに，あなたはどんな感情になるでしょうか，嫌かもしれませんが，ちょっと思い出してみてください。イライラするでしょうか，不安になるでしょうか，怒りを感じるでしょうか。

　気になるお相手の気になる行動のメカニズムを，人間関係の改善において実践的に多くのエビデンスをもつアドラー心理学の力を借りてみたいと思います。アドラー心理学では，このような場合を次のように説明します。人が行動をするのは，原因ではなく，目的があると考えます。その目的は，あらゆるところで，所属，つまり居場所づくりをすることです。居場所とは，座席のような物理的なそれではなく，人間関係における心理的な居場所のことです。教室では，最も影響力をもっているのは教師ですから，子どもたちは，教師を相手役にしてそれを実行しようとします。普通は，所属場所に対して貢献するなどの建設的な行動によって，居場所を確保しようとするのですが，建設的な行動によって居場所をつくる意欲がくじかれている子は，不適切な行動をしてそれをしようとします。つまり，迷惑をかけることで居場所をつくろうとするのです。先生に注意され，困った顔をしてもらうことで自分の居場所をつくるのです。

　大人でもそれをやる人がいます。大人社会では，上司が最も影響力をもった人と考えられがちですが，これは正確にはわかりません。その人が決めた人が相手役になります。それがあなたならば，そのお相手にとって，あなたが何らかの意味で重要人物なのです。最初は，あなたの注目を得ようとします。あなたをからかったり，バカにしたり，いろいろな方法であなたに注目してもらおうとします。あなたは，最初はイライラします。しかし，お相手はそれに満足できないと，あなたと力比べをします。あなたよりも上であることを示そうとします。あなたに対して，支配的なことを言うかもしれません。「○○先生は，こうだからね」「○○先生は，そういうところあるよね」など決めつけた言い方をすることがあるかもしれません。あなたは，何だか，ケンカを売られているような気分になります。

それでも満足できないと，次にあなたを傷つけようとします。嫌なことを言うかもしれません。陰で悪口を言うかもしれません。あなたは当然傷つきます。さらに満たされないと，その相手は，あなたにやる気のない態度を見せたり，無視をしたりするかもしれません。あなたは，「もう無理」と思うことでしょう。まあ，職員室がよほど荒れていない限り，ここまではやらないと思います。あまり露骨なことをやると，その人の居場所がなくなりますから。ここまでの話を整理すると，図2のようになります。すべての人が所属という目標をもちます。しかし，

> それを達成するための建設的な行動の意欲がくじかれた人は，誤った目標をもち，それを段階的に進行させていく

のです。
　「そんなバカな」と思いますか。大人がそんなことをするのだろうかと思いますか。でも，します。いや，実際にそうした人に出会ったことがある人はいるのではありませんか。あなたに不快な思い，感情を味わわせることが，その人の目的だからです。「そんなひどい……」と思うかもしれませんね。でも，

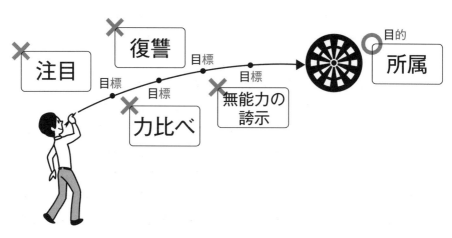

図2　4つの誤った目標

その人は，あなたのことが嫌いなのではなく，逆なのです。あなたと関わりたいのです。しかし，残念ながら適切な関わり方がわからないし，できないのです。迷惑行動で居場所をつくろうとする大人の典型的な例は，ゴミ屋敷の住人です。彼らは，ゴミを公道にあふれるほどため込み，ご近所からクレームをつけられます。しかし，それが彼らのねらいなのです。普通に暮らしていたら，誰も注目してくれません。しかし，ゴミをため込んで迷惑をかけたら，周りは騒いでくれるし，マスコミまで来てくれます。人にはそうした心理があるのです。

　あなたを傷つけるような行動をする場合や，あなたに「もう無理」と思わせるような行動をする場合は，速やかにどなたか第三者に相談することをお勧めします（場合によっては，カウンセラーや精神科医などの専門家への相談も視野に入れてください）。もはや，あなただけの力では解決は難しいかもしれません。しかし，注目を引こうとしたり，上に立とうとしたりしているならば，まだ，あなたの個人的な対処で何とかなるかもしれません。

　そうしたときは，相手を認めるようにします。相手は，あなたに認めてほしいのです。感謝されたいのです。「○○先生，さすがですね」「○○先生にはかないませんね」と相手を認めていることを伝えたらいいでしょう。イラッとしたり，反発したりしたら，それこそ相手のねらい通りです。その人は，あなたとつながりたいことを忘れないでください。その人にも，何かよいところがあるはずです。その人が学年を組んでいたり，学年主任だったりしたら，尚更です。ケンカをしても何の得もありません。ケンカをしたら，ほとんどの場合，傷つくのはあなたのほうです。その人のよいところだけを見つめて，そこと付き合うようにしたらいいと思います。大抵の場合，

> 自分の優位性が保証されたら，不適切な行動は，なくなることはないかもしれませんが，頻度は下がる

ことでしょう。そうしたら，新しい関係性ができるかもしれません。
　しかし，です。そうは言うものの，世の中は広いです。あなたがどれだけ努

力しても，相手は不適切な行動をやめないかもしれません。そういうときは，相手の譲れないものを見つめるようにしてみてください。相手は，何か信念みたいなものがあって，あなたにそうした行動をとっているのだと思われます。あなたのがんばりがその人のプライドや存在を脅かしているのかもしれません。過去にあなたに似たようなタイプの人がいて傷つけられた経験があり，関わりたいけど苦手意識があるのかもしれません。相手の譲れない思いが少しでも理解できたら，その人に対する感情に少し変化が起こるかもしれません。

　繰り返します。その人が変わることを待ってはいけません。変えるべきは，

| 自分の考えであり，自分の感じ方であり，自分の行動 |

です。

4 好かれなくていい，仲よくしなくていい……ただ

　とは言うものの，相手との関係性に悩んでいる真っ最中の方は苦しいですね。「言いたいことはわかるけど」と思うことでしょう。19年間の小学校勤務経験の中で，私も苦しい経験がありましたから，その思いをある程度は共有できると思います。

　ある年に組んだ学年主任の方が，私を否定する方でした。私のようなタイプの人間が嫌いだったのだと思います。いや，適切な方法で私と関われなかったのだと思います。やることなすこと端から端まで否定されました。放課後の打ち合わせや学年会は，大体，私への「ダメ出し」から始まりました。正直言って，しんどい方だなと思いました。ただ，私がそのとき思ったことは，

| 私からつながろうとしなかったら，この人とつながることはない |

ということです。仕事に対して妥協はしたくなかったので，主任に媚びることはしませんでした。気に入られようともしませんでした。しかし，主任の言うことは否定しませんでした。こちらから礼を欠くようなことはしないようにし

ようと思いました。指導については素直に「ハイ」と言いました。その通りにしたかどうかは別です。納得できることは受け入れましたが、そうではないことは「聞いたふり」をしました。

　1年間、主任と切れずに付き合えたことは、今でも自分の自信になっています。自分と適切な方法でつながれない人に、

> 好かれなくていい、仲よくしなくていい……ただ、協力はできる状態にはしておきたい

ものです。ただ、誤解しないでください。何が何でも「がんばれ」「我慢せよ」と言っているのではありません。「無理だ」と思ったら、いや、そこまで追い詰められる前に、速やかに第三者に相談してください。

【参考文献】
(1) 赤坂真二・西川純編著『学び続ける教師になるためのガイドブック　成功する学校改善プロジェクト編　上越教育大学流教師力アップの極意』明治図書, 2015
(2) 山口裕幸『チームワークの心理学　よりよい集団づくりをめざして』サイエンス社, 2008
(3) 中谷素之編著『学ぶ意欲を育てる人間関係づくり　動機づけの教育心理学』金子書房, 2007

（赤坂　真二）

第2章

職場で「いい関係」を築くサバイバル術

職員室の関係づくり
サバイバル 実践編

1 小学校

こつこつコミュニケーション

1 同僚と「いい関係」になるための心得

(1) 成功を全員で喜ぶことができる職業だけど

「教員ほど素晴らしい職業はない。なぜなら，一人の成功を全員で喜ぶことができるからだ」

教員になって間もないころ，先輩の先生が話してくれたのを覚えています。確かに，一般の企業に比べると競争することが少ない職業と言えるのではないでしょうか。「研究授業がうまくいった！」「運動会大成功！」……一人の成功や一つの行事の成功のために全体が協力し，つくり上げ，成功を心から喜ぶことのできる職業だと思います。

> 「仲間の一人が落ちているときに，助け合うことができるか」

しかし「仲間の一人が落ちているときに，助け合うことができるか」と考えると，難しいと感じています。小学校では，自分の学級に対しすべての責任をもって仕事をしている方が多いと思われます。学級に問題が発生したときに，自分が解決しなければならないと考え，一人で抱え込んでしまいやすい環境にあると思います。しかし，一人で解決できる問題には限りがあります。そして，もし「仲間」が一人でも抜けた場合，学校にも子どもたちにも大きなダメージとなります。できる限り避けたいことです。

今は，若手，ベテラン関係なく落ちる可能性があります。そして，それを助けられるのは，個人よりも集団であると考えています。

(2) 学校は人を大切にすることを教える場所だから

「仲間」……一緒に物事をする人

　教員ですので，子どもたちを育てるという共通の目的をもっている人を「仲間」と呼ぶことにします。おそらく，ほとんどの教員の目的はそう変わらないはずです。職員室は「仲間」であふれているのです。「仲間」がいるから学校は成り立っています。

　運よく私は多くの「仲間」に支えられてきました。「仲間」から不愉快な言動を受けたり，困った思いをしたりしたことはあまりありません。しかし，「仲間」を助けられず，職場から失い，後悔をしたことはあります。

　私自身，不義理が多く，偉そうなことは言えませんが，私たちは子どもたちに人を大切にすることを伝えています。伝えている以上，私たちも人を大切にしなければならないと思います。

　人を大切にすれば「仲間」を失わない。とは言い切れませんが，助けられる可能性は増えると考えます。また，自分が助けられる可能性も増えると考えます。

　私にとって，人を大切にすることは，（傲慢や上から目線ではなく）その人を認めることです。どのような人なのか（大なり小なりの）関心をもって接し，認め合える部分を見つけたり，助け合ったりしていくことだと考えています。

　「仲間の一人が落ちているときに，助け合うことができるか」という問いに応えるためには，一人ひとりが人を大切にすることを，日々積み重ねていくことで「仲間」を助ける集団ができ上がるのではないかと考えます。

　では，人を大切にする具体的な姿とは何でしょうか。

「こつこつとコミュニケーションをとる」

ことだと考えます。

2 同僚と「いい関係」になるコツ

(1) 上司と「いい関係」になるコツ

```
「ほう・れん・そう」は難しいと自覚する
```

　社会人の基本に「ほう・れん・そう」があります。主に上司に「報告・連絡・相談」をしっかり行うことです。しかし，社会人の基本であるこの「ほう・れん・そう」ですが，難しいです。

　「いつ言えばよいのだろうか」「果たしてこれは報告すべき事案なのだろうか」「これくらいは，自分で対応できるはず」「そもそも，報告と連絡はどう違うのだろうか」……愚かで小心者でプライドの高い私には，この「ほう・れん・そう」は非常に難しい課題でした。

　当然，私から上司に伝わっていなければならないことが伝わっていない。対応が遅くなり，問題が深刻化する……など多くの失敗を重ねました。そこで，「ほう・れん・そう」が上手にできない私が行ったことがあります。

```
こつこつコミュニケーション①　細かいことでも，まず話す
```

　上司に話しかける習慣をつけるようにしました。これを続けることで，話すべき内容と話さなくても大丈夫な内容がじきに判断できるようになります。また，「それ，聞いていないよ」と言われることが激減します。

　コツとしては，はじめに「「ほう・れん・そう」の判断が難しいです。すべてのことが大変で……。だから，ご迷惑とは思うのですが，細かいことでもお伝えしてよろしいでしょうか」などの前置きをしておくと，スムーズにいくと思います。

　特に，地域や保護者のこと，子どものけがや病気のこと，学校全体が動くような校務分掌のことなどについては，必ず伝えるようにしました。

(2) 年上（先輩）と「いい関係」になるコツ

> 答えだけが知りたい！

　先輩の先生方は，豊富な経験と知識をもっています。それは，子どもたちや授業に関することから，教員としてのマナーや風習といった類いのことまで多種多様です。これらのことを教えてくれる，敬意を払うべき「仲間」として接するようにしています。

　しかし，問題もあります。私たちは，多くの仕事を限りある時間の中でやりくりしなければなりません。いつも雑談を楽しむ余裕があるわけでもないです。そのような中，先輩への少しの質問から広がった話に付き合ったがため，もう何度も聞いたことのある話に付き合ったがために，時間が砂のようにこぼれていくのを感じることがあります。答えだけが知りたい！

　しかし，先輩はウィキペディアではありません。ギブ＆テイクです。答えを知るためには対価が必要です。とはいえ，できるだけコストを減らしたい。

> こつこつコミュニケーション②　子どもの話をする

　私たちにとって，子どもについての情報交換は常に最重要です。子どもの話を積極的にすることで，その他の雑談というコストを減らすことができます。

　話の内容は，本当に話さなければならない問題以外は，基本的にはネガティブなことよりも，子どものよかったこと，可愛かったこと，楽しかったことを発信するようにします。そうした会話の中から，ヒントとなる話が聞けることが多いです。また，副産物として，ポジティブな発信をすることで，子どもたちが多くの先生から可愛がってもらえることが多くなります。

　あとは，どのような先輩にも敬意をもって接することが何より大切だと思います。

(3) 年下（後輩）と「いい関係」になるコツ

「できれば尊敬されたい」に打ち勝つ

　できれば後輩から尊敬されたい。と私は思っていました。しかし，それはただの自己満足で，その思いが過ぎれば有害でしかありません。
　まずは，「後輩にどう思われたいか」よりも「後輩にどうなってほしいか」を考えることが必要です。これからも助け合う「仲間」として，どうなってほしいかを先輩として考えることのほうが優先されることだと思います（ただし，後輩は後輩で，なりたい姿があると思いますので，そこは上手に対応してください）。

こつこつコミュニケーション③　仕事の先取りをしない

　まだ効率よくできない後輩に代わって，気が回らない後輩に代わって，後輩のためを思って，仕事を先取りすることがあるかと思います。しかし，できる限り先取りは避けたいものです。理由は，後輩が育たないからです。
　仮に，後輩の仕事を先取りして，後から「すみません」と後輩に言わせて，「気にしなくていいよ」と答える場面があるとしたら最悪です。そこから，後輩が学ぶものが少ないからです。
　それならば，**教える，手伝う**ほうがよいと思います。後輩がやるべき仕事は後輩が行う。できていない，気がつかない，気が回らないならば，それを教えたり，一緒に手伝ったりすることで後輩は育っていくと思います。
　できれば，「やっておいたよ」「できなくても気にしなくていいよ」という言葉よりも「やってくれてありがとう」という言葉を発信できる場面を増やしていけるようにしたいです。
　逆に，先輩の仕事の先取りは，自分が伸びるためにもできる限りしたほうがよいと思います。

(4) 同年代と「いい関係」になるコツ

関係が多様化することを知る

　同年代の「仲間」は，友だちにもライバルにもなります。学校外の仕事では，例えば○○委員長と委員さんという上下の関係になることもあります。同年代だからこそ，関係が難しく感じられることもあるかもしれません。

こつこつコミュニケーション④　当たり前のことを大切に

① 感謝を伝える

　親しくなるとつい忘れがちですが，伝えるべきときは「ありがとう」と感謝の言葉を伝えたいです。先輩に伝えるのと同じです。

　どうしても忙しくて言葉で伝えられないときは，付箋などで伝えるなど，気持ちがわかるようにします。

② ヘルプを出す

　感謝よりも場合によっては難しいかもしれません。同じくらいの仕事量，同じくらいの能力の同世代に，なかなか「助けて」は言いにくいものです。でも，困っていたらわかりやすいヘルプサインを出してみてください。同世代だからこそ助けられることもあります。日頃からお互いの苦手なことを知っていると，声をかけやすいです。

③ 仲間外れをつくらない

　意図しないで，誰かを仲間外れにしてしまうことがあります。その多くが，コミュニケーション不足からなります。仲間外れにしてしまった側は気にも留めませんが，された側は気にしてしまうことが多々あります。それが，仕事に影響を及ぼすこともあります。

　わざと仲間外れを行うなどは言語道断・教師失格です。

3 合わない人とはこう付き合う

「合わせたい」「合わせてほしい」がつらくなる

　私は基本的に「仲間」で困った経験がほとんどありません。ただ，それでも合わない人はいました。合わない人も，その人が「合う人」なのか「合わない人」なのか最初はわかりません。初対面でほぼ印象は決まるという話をよく聞きますが，それでも実際に話して，仕事をしてわかることも多いと思います。そのはじめの段階で，過度に「合わせたい」「合わせてほしい」と思いながら接すると，「合わない人」だった場合，反動が大きくつらくなります。

　まずはじめは，お互いの仕事が滞りなくできればよいという気持ちで，どの「仲間」とも接するほうがよいと思います。

こつこつコミュニケーション⑤　距離を置いてよいとこ探し

　「犬になるな，猫になれ」と聞いたことがあります。犬は相手に好かれようと尻尾を振り，猫は好きになった相手に寄ってくる。人間関係も相手に好きになってもらおうとするより，好きになったほうがよいという意味です。

　ただし，合わない人を好きになるのは難しいので，よいところ探しをします。学級で行うことは大人も行うべきです。嫌なところは，黙っていても目に入ります。心が穏やかになる程度の距離を置いて，よいところを見つけようとしてみてください。

　よいところを見つけられれば，それはコミュニケーションの第一歩です。

　ただし，仕事をしていて距離を置き続けられることはありません。私は「合わない人」にこそ笑顔で接します。つくり笑いだとしても。また，伝えなければならないことは，言いにくいことほど直接伝えたほうがよいです。人を介して間接的に伝わることで，より関係が悪くなることが多々あります。

4 初任者のための職員室サバイバルテクニック

息をするのが精一杯

　学級や校務分掌という激流に呑み込まれ，つかむ藁も見当たらない日々を過ごしている初任者の先生も多いと思います。日々，息をするのが精一杯。そのような中，職員室の人間関係にまで気を回さなければならないというのは，苦しいと思います。これも仕事と割り切ることも必要かもしれません。学校の外で愚痴を言ったり，支え合ったりできる「仲間」を見つけられれば最高です。まずは，初任者の先生は学校で居場所をつくってください。

こつこつコミュニケーション⑥　精一杯，息をしよう

　深呼吸するのも当然いいことですが，ここでの息は「できること」です。「できること」を続けることが，居場所をつくることにつながっていきます。

　私がお勧めするのは「返事」と「挨拶」です。上司や先輩と話しているとき，どのような「返事」をしていますか。朝，職員室に入るとき，帰りに職員室を出るとき，どのような「挨拶」をしていますか。

　以前，私の学校に講師で来ていた若い先生は，朝も帰りも大きな声で清々しく「挨拶」していました。それだけで好感がもてます。「返事」「挨拶」は自分も周りの雰囲気も変えます。そして，誰もができます（できないと困ります）。大きな声を出さなくても，今自分にできる精一杯の声と表情で，「返事」「挨拶」をしてみてはいかがでしょうか。

　そして，絶対にお勧めしないのは「悪口に参加すること」です。残念ながら，教員も聖人君子ではありません。「仲間」の悪口を耳にすることもあります。そのようなときは，席を立って逃げてください。どのような場合も，悪口に参加することは身を守ることにはなりません。

（虎竹　信之介）

2 過程派？結果派？タイプ別でみる 同僚と良好な人間関係になる方法

1 同僚と良好な人間関係になるポイント

(1) はじめに

　現在，教員が学校現場でどのような状況か，文部科学省の調査で明らかにされていることはご存知でしょうか[1]。これらを見ると，教師のストレスは多岐にわたっています。同僚との人間関係がうまくいかないときのストレスが，最も教師の心に負担を強いると，私は現場にいて実感しています。

　それでは，どのようなことに注意して同僚と良好な関係をつくればいいのか，具体的に見ていきましょう。

(2) 相手の強みを理解して，飛び込む

　私が同僚と接するとき，いつも頭に入れているのは，「この人はどんな強みをもっているか？」ということです。誰でも得意なことと不得意なことがあります。そして得意な分野で話をすると，負担なく楽しく過ごすことができると思います。そういった時間を多く共有し，良好な人間関係をつくっていきます。そこでつくった人間関係があれば，たとえ「不得意なこと」で問題が生じても乗り越えていけます。

> 相手の強みを理解し，その分野で多くの時間を過ごす

　こう言うと，どこか見下した見方をしていて，また打算的に聞こえるかもしれません。たとえそれらのことを考えていたとしても，相手に敬意をもち接していれば，それは失礼に当たらないでしょう。

(3) **あなたは過程派？結果派？**

　あなたは仕事に対して，過程を大切にするほうですか？結果を大切にするほうですか？つまり，一生懸命仕事をしているけれどなかなか結果が出ない人間に共感しますか？それとも，きっちりと仕事で結果を出す人に憧れますか？

　よく「女性は共感性に優れていて，男性は問題解決に優れている」と言われます。しかしこれは，男性，女性というわけではなく，その人によって違うと思います。また「どちらか一方だけ」というよりは，「どちらかというと，こちらより」という程度のものだと思います。

　同僚が，過程と結果，どちらを大事にしているか見極め，接し方に気をつければ，良好な人間関係を育めると私は考えています。

同僚は「過程」と「結果」どちらを大切にしているか見極め，接する

(4) **最も大切なことは「どんな教師になりたいか？」理想の教師像をもつ**

　同僚と良好な人間関係を育むために注意すべき点を2点挙げました。この2点は「相手に合わせる」視点です。しかし相手に合わせてばかりでは，自分を見失ってしまいます。一番大切なのは，「どんな教師になりたいか」自分の理想をもつことです。もっと言えば，「どんな人生を歩みたいか」と常に心に留めておくことです。

　自分の芯をしっかりもつことによって，同僚にいくらでも合わせることはできますし，ぶれない姿から同僚に信頼されるのです。

最も大切なのは，自分の理想像をもつこと

同僚は過程派?結果派?うまく会話するコツ

(1) 上司は情報を必要としている!

　「校長は孤独だ」と,ある校長先生が酒席でふと呟いていたのを今でも覚えています。責任ある立場として,最終的に判断を迫られることがあるからでしょう。「責任ある判断」をする際,最も大切なのが情報だと私は思っています。自分よりも上司に当たる人に,いかに「欲しい情報」を伝えることができるかが上司といい関係になるコツです。

上司が欲しい情報を中心に,伝える

～過程派の上司～	～結果派の上司～
過程を大切にする上司には,常に細かく報告するといいでしょう。その際,上司の得意分野でアドバイスをいただき,それを実践します。うまくいった場合は,しっかりとお礼も含めて報告します。 　またその際,自分がどんな気持ちでその仕事をしているか,伝えておくといいでしょう。	結果を大切にする上司には,目に見える形で報告します。テストの平均点や子どもたちが大きな声で発表している姿を見せる,解決していない問題に対しても,どういう方策を立てているか書面で伝える,などです。 　どうしたらもっと結果が出るかアドバイスをいただくと,さらにいいでしょう。

　上司は常に,責任ある判断を迫られています。日々の生活の中で,上司に対して常に感謝の気持ちを伝えるといいでしょう。1年に1度は,正式な場でしっかりお礼の言葉を述べましょう。

(2) **年上の同僚はとにかく褒めてほしい！**

　教職歴が年々積み上がっていくに従い，「褒められる」ことも「ダメな部分を指摘してもらう」ことも少なくなってきたと感じます。特に「褒められる」ということに飢えている自分に気づきます。

　「褒める」というのは，「年長者が年少者に向かって評価する」という意味合いがあるのが，年上の方が「褒められる」ことに飢える理由でしょう。しかし誰もが褒められたいと思います。

年上の同僚を積極的に褒める

～過程派の年上の同僚～	～結果派の年上の同僚～
過程を大切にする年上の同僚には，仕事に対する取り組み方を褒めていきます。「先生の○○の考え方ってとても大切だと思います」「先生と△△できて，とても勉強になります」と，一緒に時間を共有していることで感じることを伝えます。 つらそうにしていたら，そのつらさを一緒に共有する気持ちで話を聞くといいでしょう。	結果を大切にする年上の同僚は，その方の実践を追試しその結果を伝えます。うまくいった場合は，その実践の「何が，どのように優れているか」を伝えるといいでしょう。 「先生のクラスの○○さん，変わりましたね」と，客観的な視点で子どもの姿について感想を伝えるといいでしょう。

　最初は，ただやみくもに「褒める」でもいいかもしれませんが，少しずつ相手の「強み」を理解して褒めます。人間関係が深まってきたら，「先生の○○なところ，素敵ですね」「私も△△のようになりたいです」と「教師としての在り方」を伝えるといいでしょう。

(3) 年下の同僚と一緒に考える

　年下の同僚に何か聞かれると，ついつい「伝えすぎてしまう」ことがあります。教師という職業上，ついついすべてを教えたくなりますが，話を聞きながら一緒に考えていく姿勢が大切です。伝える内容も最小限にとどめ，消化不良が起こらないようにします。

> 年下の同僚には，一緒に考える姿勢が大切

～過程派の年下の同僚～

　過程を大切にする年下の同僚には，とにかく共感しながら話を聞くといいでしょう。過程を大切にしている年下の同僚の多くは，迷いながら，自分の教師としての「在り方」を模索している場合があります。

　「あなたが大切にしていることって○○なのですね」と話を整理してあげると，それまで見えていなかったものが見えるようになります。

～結果派の年下の同僚～

　結果を大切にする年下の同僚には，その目的が何かをはっきりとさせるといいでしょう。目的がはっきりしていたら，方法について一緒に吟味し，目的と方法が一致しているか，常に確認していきます。

　「あたなのおかげで○○になったね」と，一緒に考えた方法が目的に近づいたことを伝えると，達成感を感じ，さらにがんばろうと意欲的になるでしょう。

　年下の同僚の多くは，見通しをもてないまま，ただやみくもに仕事をしています。一緒に物事を考えながら，「誰しも迷いながら仕事をしている」ということが伝わると，気持ちが楽になります。子どものことを思えばこそ，迷いは生じるのだということを共有しながら，仕事ができるといいでしょう。

(4) 同年代の同僚には,尊敬する姿勢で接する

　「同年代の同僚が何をしているか」というのは,結構気になるものです。「どんな授業をしているか」「同僚からどんな評価を受けているか」「どんな仕事を任せられているか」自分が気になるそれらは,同年代の同僚からも気になって見られています。

　それらの仕事で結果を出すと,同年代の同僚から嫉妬されることもあるでしょう。そうならないよう,常に尊敬する姿勢を大切にして接します。

同年代の同僚には,尊敬する姿勢で接する

～過程派の同年代の同僚～	～結果派の同年代の同僚～
過程を大切にする同年代の同僚には,同年代だからこそわかる葛藤や苦しみを相談しましょう。「葛藤や苦しみ」と聞くと大袈裟かもしれませんが,現在の状況を理解してもらうと自分の助けになってくれるでしょう。 　少々照れくさいですが、感謝の気持ちをこまめに伝えます。大事な仲間であるというメッセージが伝わることが大切です。	結果を大切にする同年代の同僚には,自分が今向き合っているものへのアドバイスを積極的にしてもらいましょう。 　自分が取り組んでいる仕事の陰の成功は,その人のおかげであるようにすることで,同年代の同僚がたくさん力を貸してくれるでしょう。 　相談に乗ってもらったことは,様々なところで話題にするといいでしょう。

　同年代の同僚とコミュニケーション不足になると,「競争相手」になりがちです。コミュニケーションをたくさんとり,頼りにすると,大きな力となり自分に返ってくるでしょう。

3 職場にどうしても合わない人がいたら……

(1) 合わない人とうまくやろうとしない！

　「合わない人」がいると，様々な場でストレスがたまります。これまでいろいろな方と人間関係が円滑になるよう努力してきたのならば，「合わない人とうまくやろうとすること」にエネルギーを使うのではなく，「合わない人とは合わない」と腹を決めて，物事に取り組むことも大切です。

> 合わない人とは，うまくやろうとしない

(2) 「みんなとうまくやろう」ではなく，「何を目指しているか」

　ある学校での話です。あるプロジェクトが起ち上がり，私が，それを推進することになりました。

　私なりにプランを立て，次々に実行していきました。実行していくと全面的に協力してくれる同僚がいる一方で，私のしていることに批判をする同僚，陰で悪口を言う同僚もいました。そういった方々ともできるだけコミュニケーションをとる努力をしました。それでも，どこかお互いにわかり合えないところがありました。

　そういったとき助けてくれたのは，私のやろうとしていることに理解をしてくれた同僚，私のそれまでの仕事ぶりを見ていた同僚でした。その同僚たちは，批判をする同僚，陰口を言う同僚との間に入り，調整してくれました。

　そして年度末には，光り輝くような素敵な子どもたちの姿がありました。

　何かに取り組むとき，リーダーは孤独になります。自分が間違っているかもしれないとブレるときがあります。そんなとき，「誰とでもうまくやろう」とするのではなく，自分の目的に向かって粛々と取り組みを進めることもまた，大切なのです。

4 初任者はうまくいかなくて当然！したたかに働け！

(1) みんないい先生になってほしいと思っている

「学校の先生というものはね，子どもたちに幸せになってほしいと願うと同時に，自分より経験年数が浅い先生たちにいい先生であってほしいと願っているのですよ」ある校長先生が，教育実習生に話をしていました。

この話を聞いたとき，「なるほど」と思いました。子どもたちと接していると，より多くの子どもたちにより幸せになってほしいと願うようになります。

初任者の方の多くは，職場の様々な方に「ご指導」をいただくと思います。その多くは，その先生にいい先生になってほしいと願っている表れなのです。

(2) うまくいかないことは当然！したたかに働こう！

教育は，一人ひとりの人生が豊かになるよう，丁寧に実践が積み重ねられるものです。結果がすぐに出にくいものであると言っていいでしょう。

そんな複雑な仕事ですから，うまくいかないこともあり，様々な方々からご指導をいただくでしょう。初任者はそれを真正面から受け止め，落ち込むことが多いです。たしかに，正面から受け止めることで自分の成長につながります。しかし，落ち込みすぎてしまうと前に進めなくなります。「うまくいかなくて当然」とどこかで切り替える心の強さが必要です。

ただし，それを前面に出すと，新たな「ご指導」を招く恐れもあります。「うまくいかなくて当然」という切り替えは，人に悟られないというしたたかさもまた同時に併せもつといいでしょう。

【参考文献】
(1) 少し時間の経ってしまった資料になるが，文部科学省 HP にある，中央教育審議会「チームとしての学校・教職員の在り方に関する作業部会（第２回）」平成27年1月20日配布資料を参考にされるとよい。

（松下　崇）

3 関係づくりの「か・き・く・け・こ」 小学校

1 同僚と「いい関係」になるための心得

(1) 関係づくりの「か・き・く・け・こ」

| か→感謝・感情 | き→距離感・興味 | く→クエスチョン |
| け→傾聴 | こ→貢献 | |

これを手帳に貼り，常に見返すことができるようにしています。

○か→感謝・感情

感謝を伝えようと思っていても，つい忘れてしまうことはありませんか。専科の先生の授業の後，養護の先生に身体測定やクラスの子どもの手当てをしていただいたとき，飲み会の御奉仕をいただいたとき，調理所の方に…。

そこで，感謝の気持ちを1度ではなく，2度3度伝えるようにします。また，自分の感情や気持ちも伝えていくことを意識します。例えば，専科の先生に授業をしていただいたら，

「ありがとうございました。おかげさまで，空き時間を有意義に過ごせて助かりました」（1回目）。

そして，帰り際にもう一度，「今日はありがとうございました」（2回目）。

○き→距離感・興味

職員室では，席が近い人との会話が増えます。そこで，違う島に座っている職員の方とも積極的に話します。また，職員の方の興味のあることを知って覚えておきます。好きな芸能人やドラマであったり，小学校の先生でも中学校の先生のように専門，得意としている教科をもっていたりします。時間泥棒にならない程度に話をすることを心がけます。

○く→クエスチョン

　信頼関係を築く上で，クエスチョン（問いかけ）することは，重要です。一方的な指導や助言は，相手にとって難易度が高く，できそうにないと感じ行動に移さないという研究もあります。問いかけることから始めます。

○け→傾聴

　話しかける前に，自分が傾聴している姿を思い浮かべます。話しかけられたときも，問題を解決するのではなく，相手の話を丸ごと受け入れることを意識します。相手の気持ちに共感，傾聴を第一に考えます。

○こ→貢献

　パソコンの電源を入れる，廊下の窓を開けるなど，自分がちょっとがんばればできそうなことから始めます。自分の仕事を優先したいときこそ，少しでも何かすることで，逆に時間を大切にしようと集中力が増します。貢献する気持ちを高めたいとき，私は他学年・クラスの子どものことを考え（わが子がそのクラスにいるなど），視野を広げるよう努めています。

(2) **自分がされて嫌なことの反対を人にする**

　自分がされて嫌なことや困ったことがあったら，手帳にメモをします。すると，その事実を冷静に考えることができ，自分の落ち度に気がつきます。いつか同じような状況・立場になったら，自分はこうしようと考えることもできます。私は，指図されたり信用されていない態度をとられたりすることが嫌です。メモをすると，自分の子どもっぽさに気がつくことがあります。でも，自分だったらこういう言い方はしないなと学ぶこともあります。

　その他，よく言われることですが，自慢話を押しつけない，職員会議や子どもの前で同僚の注意をしない，他者を介して物事を言わないなど，自分がされたら嫌なことはしないように，その反対は何かを考えるようにしています。

2 同僚と「いい関係」になるコツ

(1) 上司の願い・考え方は何か

　私はこれまで5つの小学校で勤務し、教職大学院で2年間過ごしました。その中でたくさんの出会いがありました。

　まずは、上司編。

　温かいお母さんのような上司、ざっくばらんで話やすい上司、自由に任せてくれるのに責任をとってくれる上司、いつも笑顔で応援してくれる上司、私たちの将来のことを親身になって考えてくれる上司。また一緒に働きたいと改めて思います。

　ある飲み会の席で、私は上司にこんな質問をしました。

　「私ぐらいの年の教師（ミドルリーダー）に期待することって何ですか？」

　「うーん、そうだな、まずは最低限クラスをつぶさないこと、そして、若い先生たちがプラスのほうへ行くように導いてほしい」

　この言葉は今でも心に残っています。尊敬する上司だったからというのはありますが、何よりも自分から聞いたというのがポイントです。これがいきなり校長室に呼ばれ、

　「クラスをつぶさないこと、そして、若い先生たちをプラスのほうにもっと引っ張ってくれ。頼むよ」

と言われた場合と比べるとどうですか。言われたからやる気が出ないというのではいけませんが、自分から聞くことで、批判も受け止めやすくなります。

　また、上司の願いや考え方を知っておくと、様々な場面で話をより理解できます。授業を見ていただいたとき、朝の登校指導のとき、保護者に電話するとき、飲み会の席など、少しでも上司と話す機会があったら、積極的に自分から話しかけます。

　最近、上司と話していますか。たわいもない話でいいと思います。思い切って話しかけてみましょう。

(2) 年下とは，プロセス・コンサルテーション

　若い先生方の成長を支えるミドルリーダーの在り方として着目していることに，プロセス・コンサルテーションがあります。プロセス・コンサルテーションの考え方では，まず相手との関係を築くこと，そして，問題が何かを見極め，適切な対策を共同で考え出し，実現することを目指します。

　プロセス・コンサルテーションを提唱するシャインは，どのような種類の援助が必要なのかを明らかにするモデルとして，以下の３つを挙げています（すべて教師バージョンに変更しています）。

① 専門家モデル

　若手教師が，自分の求めているものを正確に把握し，その要求に応じて知識・技術を提供する

② 医師―患者モデル

　先輩教師が若手教師の問題点は何かを診断し，解決法を提供する

③ プロセス・コンサルテーションモデル

　若手教師と先輩教師が協力し，若手が解決にたどり着くプロセスを支援する

　①の専門家モデルでは，適切なアドバイスをすることで，若手教師の具体的な困り感に答えることができます。一方で，若手教師自身が，本当の課題に気がついていない，話していない場合があるので注意が必要です。

　②の医師―患者モデルは，教える―教えられるの関係です。一方的な助言は，共感や納得感を得られにくいため，行動や思考の変化を引き出すことは難しいと言えます。実習生の指導をしたときのインタビューで，実習生は「ハードルが高い助言をもらったときは，私にはできそうにない，教師に向いていないかもと思った」と答えました。スキルのレベルを考慮することが求められます。

　③のプロセス・コンサルテーションモデルでは，問題点を指摘したりいきなり代案を提案したりするのではなく，問いかけたり，対話をしたりする中で，適切な対策を一緒に考え出します。この関わりでは，若手教師の思考や感情を引き出しやすく，子ども理解や次の授業の深まりにつながりやすくなります。この３つのモデルを，状況に応じて使い分けることを意識しています。

(3) 年上への配慮

　年上の先生方は，皆さんいろいろな事情を抱えています。親が病気になったり，子どもの部活があり，土・日に仕事ができなくなったり，地域の仕事であったり，自分の体調や体力に変化が起きたりなどさまざまです。

　昔，一緒に組んでいた主任の先生と印象に残っているエピソードがあります。子どもの体調が悪いので，すぐに迎えに来てほしいと学校に連絡があり，主任の先生は申し訳なさそうに帰宅していきました。

　次の日の朝，私は朝一番に，

「先生，おはようございます。お子さん，大丈夫ですか」と声をかけました。「おかげさまで，大丈夫。昨日はありがとうね」などと会話をしました。その後，主任の先生が出勤簿に押印しに行き，戻ってくるとカンカンに怒っているのです。

「ちょっと聞いて。印鑑を押しに行ったら，いきなり休暇届を書いていないから書けって言われた。長崎さんは，まず心配してくれたのに」

　きっとその方も悪気があったわけではないと思います。朝の忙しい時間に，忘れないうちに伝えたのだと思います。ただ，配慮が足りなく，主任の先生は怒ってしまいました。

　私はこのとき，正直ホッとしました。一言目を間違えなくてよかったと。自然と出た言葉でしたが，自分に余裕がないと言えなかった可能性もあります。この出来事は，印象深く残りました。それ以来，年上の先生への配慮について考えるようになりました。

　お子さんの運動会が自分の学校とかぶってしまい参加できない方，授業参観に行きたいのに個人懇談と重なってしまった方，保育園の迎えの時間のため，授業後ゆっくり話す時間がとれない方。

　自分にできることは少ないですが，配慮の気持ちをもつことで，尊敬につながり，一言目が変わります。

　また，私は年上の先生によく質問をします。授業のこと，評価のこと，行事のことなど，いつも親切に教えてくださいます。

(4) 同年代は同志

　学校を異動してすぐに，同年代というだけで仲よくなることもあります。子どもの頃見たテレビ番組の話や昔の学校の話で盛り上がります。同年代の仲間がいるということはありがたいことです。以前勤務していた同年代の先生と毎年，飲み会やバーベキューがあります。いつも心から笑い，元気や活力をもらいます。

　同年代の先生とは，困っていることも相談しやすく，本音で話ができます。互いの実践のデメリットや，心配なことを伝え合うこともできます。この対話の中で，自分のこだわりに気がつき，新たな答えが見えてくることもあります。同年代の先生と話をすると，学級担任の視点だけではなく，1つ上の学校の視点に立てるので不思議です。「今回は，やっぱりやめといたほうがいいね」と決断できることもあります。

　また，初任者研修で同じグループだった仲間とのつながりもあります。学芸会や卒業式などの行事について，他の学校の情報を共有し，よりよいものをつくることもできました。

　以下は，心に残っている同年代の先生方とのエピソードです。

　以前勤めていた学校で，子ども同士のトラブルがありました。学校外でのことでしたが，難しい問題に発展し，私が職員室に戻ってきたのは，夜遅い時間になってからでした。しかし，同年代の先生方は，私を職員室で待っていてくれました。とても嬉しく，心強く思ったことを覚えています。今でもあのときのことを感謝しています。

　「何をやればこの学校はもっとよくなるのかな」
　「最近，学校の役に立ってないなぁ」

　こんな話をすると，私は次の日の職員室の空気が違うように感じます。きっと，同年代との会話で，自分の悩みや心配事が解消されたり，仲間の考えを聞くことで自分が正しいと思っていたこだわりが消えたりするからではないでしょうか。ちょっとしんどいとき，がんばりが足りないときに，同年代の一言や存在が力をくれます。

合わない人とはこう付き合う
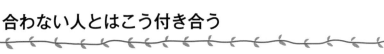

(1) 悩む時間を減らすための口癖

　合わない人とのことを考えると，私にも非があるので，矢印を自分に向け，苦しくなります。きっと相手も私のことを合わないと思っているので，何をしても悪循環。とにかくその人とのことで，悩む時間を減らしましょう。何かあったら心の中で唱える言葉を決めておきます。

　「No problem！」「大丈夫！オッケーオッケー」「問題ない！よし，がんばろう」そして，すぐ次の行動，作業を始めるのです。もう，練習，訓練です。

(2) うまくやっている人を見つける

　自分とは合わない人と，うまくやっている人がいます。その人がどのようにやりとりをしているか観察します。何か気づくことがあるかもしれません。また，合わない相手への自分の感情を探ります。考え方や感情を知ると，次回接するときに，客観的に捉えることができます。しかし，ここでもあまり深く考えず，悩む時間は減らします。「No problem！」「問題ない！次がんばろう」。

(3) 抱え込まず，周りに感謝

　合わないと感じる相手が年下であった場合，つい自分が育てなくてはと力が入りますが，複数で見ていくことを心がけます。相手にとっても助言を聞く機会が増え，相談できる人ができます。

　年上であった場合，その人との関係を閉じることなく，自分から，相談，質問を増やします。小学校では学年内の関係性にとどまってしまいがちです。いい授業をしようと質問している姿は，勇気をくれます。国語，体育，音楽など，得意としている先生を見つけ，質問するといいと思います。

　また，2人の関係性を職場の方も気がついていることでしょう。知らないところで支えてくださっているという感謝の気持ちをもち続けたいものです。

4 初任者のためのサバイバルテクニック

◆ ピンチを繰り返さないために

　ピンチを避けるのに役立つものに，手帳があります。
　私は，手帳を少しずつリニューアルしています。Ｂ５判やＡ５判の手帳，ノートやバインダーを手帳として使っていた時期もあります。現在は一元化することを優先しているため，大きいものを使っています。配布物もそこに挟むことで，配り忘れがなくなりました。手帳の中身についてです。

- 月予定と年間予定（職員会議で配布されたもの）
- リスト（朝，退出時，隙間時間，振り返りの仕方，毎日やること）
- To Do リスト（１週間の予定が見えるように１ページにしてあるもの）
- 教育課程
- 部活の練習メニュー（サッカーのフォーメーションや声のかけ方など）
- 趣味（作曲が好きなので五線譜）
- 勉強会で学んだことやメモ用紙（声かけ集，毎日簡単に振り返りを書く）

　そして，本日中にやる書類を先頭のページに挟み，翌日でいいものは後ろに挟んでおきます。月予定には，締め切りや出張も記入します。リストの一つに【職場を出る】があります。そこには，□手帳を見る□感謝の気持ちを伝える□机上何もなし□携帯・財布・鍵□明日の用意□元気に挨拶と書いてあります。職場を出る前にリストを見て行動します。リストを作ったことで，忘れることが少なくなりピンチも減りました。先輩のアドバイスも記録し，見返します。手帳をできる限り持ち歩き，見る癖をつけ，未来を見て行動します。

【参考文献】
- エドガー・Ｈ・シャイン『人を助けるとはどういうことか』英知出版，2009
- エドガー・Ｈ・シャイン『問いかける技術』英知出版，2014

（長崎　祐嗣）

4 小学校 職員室は目指す教室の縮図
～「ありがとう」と「助けて」が飛び交うチームに～

同僚：蜂谷先生，○○はどこにあるか知っていますか。
蜂谷：それは□□にありますよ。ちなみに△△にも。
同僚：ありがとうございます。何でも知っているのですね。ハチペディアですね。
蜂谷：それはいい表現です。困ったときはいつでも聞いてくださいね。

　職員室でこんな会話があります。とても嬉しいことです。
　私はこれまで，非常に恵まれた環境で仕事をさせていただいてきました。採用から10年間，ずっといい環境が続いていること，本当に周りの方々に感謝の気持ちでいっぱいです。とはいえ，苦しいことが何もなかったわけではありません。また，自分自身もいろいろな努力や工夫をしてきたつもりです。
　考えてみると，職員室での関係は4月に新たなメンバーでスタートし，次の4月には入れ替えが行われて再スタート。教室の子どもたちと同じです。
　子どもに「友だちを大切に」とか「仲よく」，「チームになろう」ということを求めている私たち。大人が楽しそうに良好な関係を築いている姿を見せることは，子どもにとって何よりのお手本になるのではないかと思っています。
　では，そのために自分自身がどんなことを意識してきたか。いくつか具体的に示したいと思います。

自分がしてほしいことをする

　私自身が，普段の学級経営，職員室での関係づくりにおいて常に心がけていることです。これだけは絶対に曲げたくない，いや曲げない信念です。
　テレビを見ていると「プロの仕事」について様々な番組で特集しています。

百貨店のアテンダントの方は，館内の様子が頭の中にイメージできるのだそうです。なぜでしょう。プロだからです。お客さんが何を求めているかを考え，そのためにできることをする。これが「プロ」としての働き方なのです。相手の目線に立って考えるからこそ，最良のサービスが提供できるのです。

そう考えると，自分の仕事に対する考え方が見えてきます。教室でも職員室でも，相手の目線で物事を捉えるということです。もちろん，すべてに答えるのは難しいですが……。具体的には何ができるでしょう。

行事などを提案する機会があったとします。「その文書を新任のときの自分が見たらどうか」「今，席を外している人も読むだけで理解できるか」「これでみんなが動きやすいか」そんな意識をしてみるということです。

声をかけるときも同様です。自分が言ってもらったら嬉しい言葉，自分の意欲をアップさせてくれた言葉を進んで使うようにすることで，同僚との「いい関係」が築かれていくのだと思います。教師という仕事は

> 「人間関係形成のプロ」

です。ちょっとした「目配り・気配り・心配り」を意識する。プロとして，いつまでも心がけていきたいことです。

2 ポジティブなオーラを出す

「あぁ，面倒くさい…」「やりたくないな」こんな言葉を発している人に近寄りたいと思いますか。私は職員室での会話についても意識が必要だと考えています。もちろん，様々な事情があり，いつでもニコニコというわけにはいかないかもしれません。でも，ネガティブな雰囲気からは何も得られません。

困っているなら素直に助けてもらえばいいし，アドバイスをもらえばいいのです。わざわざ，マイナスの雰囲気を広げる必要はありませんよね。

「あの人は声をかけやすい」「あの人は相談しやすい」と思ってもらえることは，若くてもベテランでも得だなと思います。普段から「楽しそう」「笑顔」

でいることは，自分のためにも周りのためにも不可欠な教師の資質です。

「学級を最高のチームにする」そんな思いをもっている集団である職員が「チームになる」。そんなイメージをもちながらお読みください。

3 上司：「上司とうまくやる」＝「上司に認めてもらう」

私はこのように考えています。もちろん，私たちは上司からの評価のためだけに働いているわけではありませんが，校長先生が示す学校経営方針に沿って教育活動を進める以上，認めてもらうことは不可欠であると思います。

> キーワードは「理解・迅速」です。

「理解」は，先ほども示した学校経営方針の正しい理解です。チームとして動く学校のリーダーは上司である管理職です。リーダーが示した方針をしっかり理解して学級経営をすることは当然です。ここを欠いてはどんなに素晴らしい学級をつくったとしても，意味がありません。子どもたちはいつまでも自分のクラスにいるわけではないのです。クラスでしか通用しない子どもを育ててしまっては，長く学校に通う子どもにとって大迷惑です。

子どもたちに「チーム」を意識させる上で，学級はもちろんのこと「学校全体」という視点を忘れてはいけません。学校経営方針を確実に理解した上で自らの学級経営方針を立て，「理解してもらう」ことが大事です。

また，「迅速」に動くことは自分にチャンスをもらえることにつながります。仕事を任せていただくことは，大変なことでもありますが喜びも大きいです。「貢献感」とも言えるかもしれません。「無理をして」ということではなく，自分のできる範囲でいいと思います。「あの人に任せれば安心」と思ってもらえたら最高ですね。

チームで動く以上，リーダーを尊敬し，リーダーにしっかりついて行く。認めてもらえば自分の思いを学校全体に生かしてもらえることがたくさんあります。それこそが本当の意味での「子どもたちのため」になるはずです。

4 年上：「おかげさま」の気持ち

　近年，団塊世代の大量退職で「ベテラン」と呼ばれる経験豊富な先生方が現場に少なくなってしまいました。私自身，多くの先生方から様々なことを教えていただいてきたことを考えると，先輩の先生の教えが寄せ集まって今の自分があると言っても過言ではありません。「1つでも多くのことを教えていただく」ために，私が意識してきたことを示します。

> キーワードは「おかげさま」です。

　教師という仕事に就いている人は何かを教えるのが好きな人が多いです。しかし，忙しい毎日の中で「指導方法を教える」という時間はなかなか確保できません。本来教えることが好きな方が多いので，聞けば教えてくれるということが少なくありません。そこで，私はとにかく「聞く」「見に行く」ということを意識しました。「聞く」と，嬉しそうに教えてくださります。また，事前にお願いしておいて空き時間などに「見に行く」ことも素晴らしい学びになります。ここで大切にしたい言葉。それは「ありがとうございます」。

　教えてくれたことが，知っていたことであっても「ありがとうございます」です。「はいはい」「あー，知ってました」は禁句です。とにかく，教わる姿勢が大事です。実際，知識も経験も相手のほうが上なのですから。子どもでも大人でも，素直な姿勢は好感をもてますよね。

　ただ，何でも従えばいいというわけではありません。意見を求められることや提案する場面も多いはずです。そんなときは，「若いからこそ出せる」発想も大切にして子どもにとっての最善を考えられるといいですね。

　また，少しでも多くのアンテナを張り，「自分にできること」を探すようにしていると先輩は可愛がってくれます。ICT機器の操作や，体育の準備，荷物の運搬など「すぐやる課」になることを意識できると，関係がさらによくなっていくこと間違いなしです。

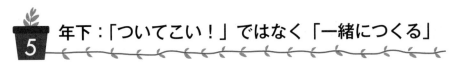
5 年下：「ついてこい！」ではなく「一緒につくる」

　大量採用時代の現在は，新採用から5年で年下と同学年を組むということも少なくありません。学年というチームの中で，サブリーダー，ときにはリーダーのポジションにつくというわけです。年下の仲間への対応。実は結構気を遣うところでもあります。のびのびとそれぞれのよさを発揮してほしい。でも経験から見えるこちらの思いも伝えたい。ここでは学年主任を務めさせていただいた自身の経験も交えながら，学年内での実践を紹介します。

(1) 学年主任通信

　年度当初や普段の学年会などの場面がスムーズかつわかりやすく進むよう，資料を作成します。授業進度・行事・配慮事項などを明確に示すことで学年がチームとして動きやすくなります。また，指導上のポイントや気づいてほしいことなどを記載しています。言葉では伝えにくいことも，通信の形式にすると柔らかく伝えることができます。

(2) ダメなことはダメ

　年下との関係に悩む人の多くが「最近の若い人は……」と言います。私は，おかしいと思ったらはっきり言うようにしました。言い方は考えますが，伝えないことのほうがよっぽど悪い方向に進むと思っているからです。特に，子どもへの指導内容については気を遣います。

　うまくいかなかったときには，どこに課題があったのか，どうすればよりよかったのかフィードバックする場を設定します。

　ただ優しく接するのではなく，ときには厳しく，でもしっかりとサポートしながら「任せる」。これこそが年上の責任であると考えています。

　とはいえ，実際は自分自身が助けてもらったケースのほうが多かったように思います。

「尊敬の心をもち，チームの仲間として大切にする」これがポイントです。

6 同世代：切磋琢磨する"よきライバル"であれ

幅広い年齢層の職員室の中で，一番気軽に声をかけやすく，仲間意識が高まるのは同世代ではないでしょうか。「教師として」よりも「友だち」に近い部分もあります。ただ，公私混同ではいけないので，学校内での人間関係について意識していることについて考えていきます。

「よきライバル」になること

スポーツの世界で考えてみると，ライバルの存在が大きなプラスになっていることはわかりやすいですね。「同世代の活躍に刺激を受けて……」というインタビューを聞くことも少なくありません。

教師間でのライバルとはどんなものでしょう。私は，**等身大の姿**で「実践を交流し合う」「互いに成果を見せ合う」ことだと思います。そして，互いに忌憚のない意見を率直に伝え合うことが，何より重視するポイントです。

チームの仲間とはいえ，ライバルの活躍にはジェラシーを感じることもあるはずです。このジェラシーこそが大事であり，そこが「互いに伸びるライバル」の最重要な点だと思います。

相手への尊敬の念をもちながらも，言いたいことをしっかりと言い合える「ライバル」になることが同世代との関係づくりのポイントです。

私自身もこれまでに同世代の同僚と学年を組んだことが何度かあります。「ライバル」と思っていたわけではないですが，やはり「どうやって子どもが輝く授業をつくっているか」「保護者との関係づくりはどうしているか」など何度もクラスを覗きに行き，こっそり技を真似したことを思い出します。

ただの「お友だち関係」や「同じ年の同僚」というだけでなく，互いに切磋琢磨し合うライバルを見つけられると，授業づくりや学級づくりがレベルアッ

プする大きな転機になります。そして、いざというときには、本気の相談ができる「**最高のチームメイト**」になることは言うまでもありません。

7 合わない人との付き合い方

ここまで、いろいろなケースを考えてきましたが、「考えの違い」や「立場の違い」があるわけですから「合わない」人も必ずいるはずです。プロ集団である教師が、チームで子どもへの指導をする以上、「あの人とは合わないから付き合いません」というわけにはいかないのです。そもそも「合わない」ことは「いけない」ことでしょうか。

私はそうではないと考えています。社会生活をする上で合わない人もいるのは当たり前であり、そこでどんな対応ができるかということこそが大事であると思っています。これは、子どもも同じ。「全員と仲よくしなさい」というのは無理ですよね。

では、どうするか。キーワードは「調和」と「プロ意識」です。

まずは、発想そのものを転換するようにしています。「合わないのは相手が悪い」と考えないことです。教師として仕事をしている以上、「子どものために」という最終的な着地点は同じはずです。その方法が違うことだってあって当然だということです。そう思うだけで大きく変わってきます。

また、なるべく声をかけたり頼ったりするようにしています。ある１点を見ていると、「合わない」のかもしれません。でも、「いいところ」や「尊敬できること」が見つかるかもしれません。「合わないな」と思っていた人と、一緒に仕事をするうちに互いに認め合うというケースも少なくないです。

「食わず嫌い」をしないように心がけるということです。互いを認め合い、お互いのよさを生かしていける（≒調和）というのが理想ですね。

学校にいる間、私たちは「プロ」です。自分の感情に任せて仕事をしていてはいけないですよね。相手の思いや考え、立場をしっかりと理解した上で、ゆっくり関わりを深めていけたらいいですね。

8 弱みを見せても大丈夫

　指導技術も，トーク力も，校務を担う能力も……どれを見ても，自分は最も低いのだということを認識することが大事だと思います。よく考えると当たり前なのですが，なかなか受け入れられないものです。自分自身もそうでした。生意気な初任者でした。でも，家に帰ったら「バタン」と倒れ込むような毎日が続いていました。理想と現実の違いに本当に苦しい日々でした。

　「初任者はどんなにがんばっても戦力"１"になれないのだから，自分にできることから気楽にがんばってね」

　ある日，先輩からこんな一言が。受け入れるまでに少し時間がかかりました。

　でも，受け入れた瞬間，気持ちが楽になり，子どもの前で，笑顔でいられる時間が増えました。そして，「弱みを見せる」ようになりました。たくさん「聞く」ようになりました。「助けて！」と言えるようになったのです。そして，「若い自分だからできることは何か」と考えるようになりました。

　ここで「手をかけ・目をかけ・声をかける」という教育実習でお世話になった校長先生の言葉を思い出します。子ども目線でじっくり教材研究をしてみました。専門教科だった理科の授業に力を入れました。子どもの姿をしっかり見るようにしました。授業でも休み時間でもとにかく声をかけました。自分が子どもだったら言われたい言葉を意識してみました。

　すると，日々の授業・教室の雰囲気にも大きな変化が見え始めます。教室には子どもの笑顔が増えてきました。自分の教員生活の大きな転換点でした。

　初任者とはいえ，子ども・保護者にとって「担任の先生」です。だからこそ，何か１つでも「自分だからできること」「自分にしかできないこと」を見つけ，実践してみましょう。困ったらチームの仲間や先輩に「助けて！」と言ってみましょう。悩んでいるときにはきっと糸口が見えてきます。

（蜂谷　太朗）

5 小学校
失敗できる職員室づくりのススメ

1 同僚と「いい関係」になるための心得
~「+α」と「+一言」~

「教員を辞めたい」と思ったことはありますか。私は，あります。そのきっかけは，保護者とのトラブルでも，授業に関することでもなく，

> 職員室の中で孤独を感じたこと

でした。孤独を感じていたときの自分は，同僚から「面倒なやつ」と思われていたように思います。当時，県内外の私的な研修に参加し，研究主任を任され，10年次研修も並行して受けていました。自分が一番勉強しているし，一番忙しいと勘違いしていました。同僚たちから遠ざかり，しかめっ面で職員室に座っていました。失敗できない，手助けしてもらってはいけないという変なプレッシャーを日々感じていました。そうです。自分が感じていた孤独は，自らがつくった「壁」から生まれたものでした。

今，私が心がけているのは，

> 自分をバリアフリーにして，自分から同僚につながっていく

ということです。そのため，次のことを心がけて，同僚と向き合っています。
① 「+α」でつながりをつくる

慌ただしい職員室では，隣に座る先生とでさえ，会話がままならないことはありませんか。そんなとき，「+α」の行動を加えることで，同僚とのつながりをつくるきっかけになります。自分がコーヒーを飲もうと思ったら，隣の先生のコーヒーも淹れます。疲れたな，と思ったら近くの先生にもお菓子を配ります。「+α」で一番効果があるのは，ユーモアだと思います。例えば，付箋。

書類を回覧するときに付箋を付けますが，伝えたいことを書くだけでなく，そこに「＋α」を加えます。回覧する人の名前の代わりに，似顔絵を描いたときには，既読の印として，似顔絵に手足が描かれてきました。

また，その日が同僚の誕生日と知ったら，教室で使っている紙粘土の誕生日ケーキを職員室に持ち込み，周りの先生を巻き込んで，お祝いをします。

「＋α」を加えることで，同僚に笑顔が生まれます。笑顔があふれる職員室では，どんな失敗も恐れることはありません。

② 「＋一言」でつながりをつくる

また，私は，職員室でも廊下でも，同僚の先生に声をかけるようにしています。「髪切りました？」，「今日のネクタイ，いい色ですね」，「新しいお洋服ですか？」など，ほんの一言です。そこから同僚との会話が生まれます。

急いでいるときは，目を合わせてニコッとしたり，会釈したりするだけでも十分です。「私はあなたに関心があります」ということが伝わればいいのです。

そして何よりも大切な「＋一言」は，「ありがとうございます」です。助けていただいたとき，指導していただいたとき，お叱りを受けたとき，どんなときも最後の決めぜりふは「ありがとうございます」です。

「＋α」と「＋一言」を続けていたある日，私は仕事で大きな失敗をしてしまいました。そんな私に，事務の先生が，そっと飴を差し出してくださいました。隣にいた主任がコーヒーを淹れてきてくださいました。いきさつを聞いた年下の先生が「僕，昨日こんなアホなことしました」と笑い話をしに来てくれました。同世代の先生が，一緒にどうするか考えてくれました。

今，私は同僚たちとつながっている実感があります。自分を開き，つながっていれば，どんな失敗をしても，孤独を感じず，前を向くことができます。

2 同僚と「いい関係」になるコツ

(1) 上司 〜笑顔でいる＝笑顔にさせる〜

　私は，学年主任１年目です。初めて学年主任をして感じたことは，学年チームの先生たちが笑顔でいることが，何よりの喜びであるということです。校長・教頭・教務の「上司」と呼ばれる役職も，同じような感覚なのではないでしょうか。部下である私たちが，

> 笑顔で生き生きと仕事に取り組んでいること

が，上司にとっては何よりも安心することのはずです。

　教室の中にも笑顔があふれていることも大切です。担任だけが笑顔で，子どもたちがどんよりしているのは，健康的な学級とは言えませんよね。それでは上司が安心することも，上司に信頼していただくこともできません。

　私の学校では，朝の時間などに校長先生が校内を回っていらっしゃいます。そのときに，私と子どもたちが大笑いしながら授業をしていると，校長先生はその様子を笑顔で見ていかれます。

> 子どもたちと笑顔でいることが，上司を笑顔にさせる

　その様子を見て，「校長先生，笑っていたね」と子どもたちも嬉しそうです。教員が職員室と教室に笑顔でいることは，学校全体を明るくしていくことにもなります。もちろん，「提出書類の期限を守る」や「礼儀正しくする」などは，笑顔の前提条件です。これがなく，ただ笑顔だけ振りまいていては，ただの「ちゃらちゃらした奴」で終わってしまいますので，事務的な仕事も校務分掌もきっちりやりましょう。

(2) 年下〜「何を言っているか」ではなく，「何を言ってほしいか」〜

　私は，「上司・年上・同世代・年下」の４つの立場の中で，一番心を砕いて関係づくりをしているのは，年下の先生方に対してです。それは，私の対応が，彼らのこれからの指針になっていくからです。

　ありがたいことに，ときどき，年下の先生に相談をもちかけられます。最初は，質問されたことに額面通り答えていました。しかし，質問されたことにどんなに丁寧に答えても，質問した年下の先生は，何だかしっくりこないような表情を浮かべることが気になっていました。

　そんなある日，Ｍ先生という若手の先生から，相談を受けました。

　「先生，僕は，学級経営に自信がありません。周りからも，自信をもてと言われています。でも，どうしたら自信をもてますか？」

　私はいつものように額面通り受け取って，どんなアドバイスをしようかな，とＭ先生のクラスの様子を思い浮かべながら考えていました。そのとき，私の返答を待つＭ先生の表情が目に入りました。その表情は，「アドバイス，待ってます！」という期待感よりも，「どんなダメ出しがくるんだろう？」という不安な表情に見えました。それを見て，私は気づきました。

> 年下の先生たちが求めていたのは，実はアドバイスではなかった

　トライ＆エラーを重ね，自分の力だけではダメだと悟ったときに，年下の先生たちは質問をしてきていたはずです。そのときの先生たちのエネルギーメーターは，もうエンプティランプが点灯している状態と言えます。人からのアドバイスをもらっても，それを実行に移すエネルギーはもち合わせていないことが多いのかもしれません。私は，Ｍ先生に答えました。

　「そのままのＭ先生でいいよ」

　Ｍ先生のクラスの子は，Ｍ先生を慕っています。私のクラスにいた子の兄弟がＭ先生のクラスにいて，「Ｍ先生はマラソンもピアノもできる」と自慢していたことも聞いていました。そのままのＭ先生で，子どもたちは大好きなのです。Ｍ先生には，アドバイスではなく，彼を勇気づけるために，そんな

話をしました。話が終わる頃，M先生は先ほどまでの不安げな表情は薄れ，「そうかぁ，じゃ，明日からまたがんばるか」と笑顔になっていました。

　その日以来，私は相談をもちかけられたら「何を言っているか」に答えるのではなく，「何を言ってほしいのか」を汲み取って聴くようにしています。

(3)　年上～ユーモアでつなぐ～

　若い先生方には意外かもしれませんが，年上になればなるほど，孤独を感じます。私は，どの世代の先生にもへらへらしているので，あまりそういったことを感じないのですが，ベテラン層は若い世代の中に自分から飛び込むことはあまりされない気がします。だから，私がしていることは，

ユーモアで巻き込む

ということです。以前，3人で組んでいた学年チームは，3人が一回りずつ違う3世代チームでした。私は真ん中だったので，一回り下のS先生と冗談を交わし，その中に一回り上のN先生を巻き込みました。

S「オレの晩ごはんは今日もコンビニですわ」
私「不健康だなぁ。N先生の専属コックさんは，今日は何を？」
N「またそんなこと言って！（笑）コックなんていないわよ！」

　N先生はおっとりとした方で，私の中で超セレブキャラに仕立てていましたので，「家は東京ドームと同じ広さ」，「門から玄関までは50m」など，そんな設定のもと，話していました。

　かつての私のように，孤独を感じた人は，壁をつくります。年上の先生は，含蓄が豊富で，学び取らなければいけない部分がたくさんあるのです。壁をつくられていては，そこを乗り越えるのがやっとのまま，時間が過ぎていきます。いろんなことを吸収していく突破口をつくるために，ユーモアを通して年上の先生を他の世代とつないでいます。それは同時に，年上の先生の孤独を和らげることにもなると思います。

(4) 同世代～愚痴に愚痴で返さない～

同僚：今日，こんなことがあってね…。

と，同世代から話しかけられたら，あなたはどう答えますか？

A：そんなことがあったんだ。大変だったね。

B：そんなの大したことないよー。うちなんかさぁ……。

　話しかけた先生は，AとB，どちらが嬉しいでしょうか？　もちろん，Aですよね。きっと，同僚の先生は，同世代の先生に話を聞いてもらいたかったのです。それなのに，Bのように「自分のほうが大変だ」という話にもっていかれては，「話を聞いてほしかったのに，なんで逆に話し相手をさせられてるの？」とイラッとすることになります。このような聞き方をしていては，「もうこの人には話したくない」と思われてしまいかねません。

　同世代は，愚痴を言い合える貴重な存在です。さらには，切磋琢磨する仲でもあり，また，よき理解者となり得る存在です。同世代にしか話せない内容もありますし，同世代にしかわかってもらえないだろう胸の内もあります。また，同世代の先生とは，年功序列のしがらみなく団結できるという強みがあります。やらされ感も，やらせる感もなく，同じ目線でものを言い合い，純粋に自分たちの教育哲学に向かって突き進むことができます。しかし，同世代だったり同期採用だったりする先生は，同じ職場にそんなに多くはいません。ほとんどが，年下か年上の先生です。

　そんな，貴重な同世代の先生とのつながりを切らないためにも，

> 愚痴に愚痴で返さない

ということを，心がけています。愚痴を言えるのは，心を開いている相手に対してです。せっかく開いてくれた心を，自分の聴き方で閉じさせてしまうのは，お互いにとって損でしかありません。たとえ自分の仕事の手が止まることがあっても，悩む同世代の先生の話に耳を傾け，一緒に悩み，一緒に笑い合うことが，いずれ自分の失敗に対する温かいクッションになってくれます。

3 合わない人とはこう付き合う
～合わないからこそ合わせる～

「合わない人」と一口に言っても，いろいろな「合わない」があります。性格が「合わない」といった個人的なもの，何となく苦手だなぁ，という「肌が合わない」もあると思います。職員室で多いのは，教育に対する価値観，目指す児童像……というような，教員として「合わない」人ではないでしょうか。例えば，職員室に30人いたら，30通りの教育観があります。中には，相容れない教育観をもつ先生もいるでしょう。大人ですから，同じ職場にいる以上，研修会や授業検討会などで，やはり自分の思いは伝えてみます。でも，それでも伝わらないと思ったら，私は同じ土俵にはのぼりません。

若手時代は何とか相手にわかってもらいたいと議論しましたが，「他人と過去は変えられない」のです。そして，基本的に，考え方が違う人は，議論では理解してもらえません。本当に自分の仕事に一目置いてもらえるとしたら，

> 議論ではなく教室の子どもたちの姿や，保護者からの声を通して伝わる

と思っています。だから，自分の教育観を理解してもらいたければ，実践を通して伝えるしかないのです。

しかし，学校では様々な仕事をチームでこなしていきます。合わない先生とも一緒に組むことが往々にしてあります。そんなときには，私は，

> 合わない先生に合わせる

ことを選びます。これは逃げではなく，勇気ある撤退です。合わない先生と自分が対立することで，迷惑がかかるのは周囲の先生です。そして，対立が続けば，今度は自分が誰かの「合わない人」になってしまうのです。

初任者のための職員室サバイバルテクニック
～1週間単位で乗り切る～

　私の初任時代を振り返ると，まさに暗黒時代でした。今のままではいけないとわかっているのに，どうしたらいいのかは全くわかりませんでした。常に一緒に配属された同期と比べられているような気がしたり，授業がうまくいかないのは世の中で自分だけなのではないかと落ち込んだり。ときに，周りの先生が呆れるような失敗をしたこともありました。上司から叱責されることも，保護者からのクレームもわんさかありました。

　失敗するとやはり心がしぼみます。失敗のたびにエネルギーは吸い取られていきます。1か月，1年間を単位にすると，どうしてもしんどいので，

> 1週間単位でがんばろう

と思いました。「とにかくこの1週間を乗り切ろう」と，がんばる期間を短期間にします。そして，「週末はリセット」です。土日はひたすら遊びました。友だちに会い，買い物をし，おいしいものを食べ，ライブに行き，カラオケで叫び，読書をして心を休めました。そして，開き直りました。

> 若いからできることって，たくさんある。その最たるものは失敗。

　初任時代は「失敗が許される時代」とも言えます。振り返ってみても，初任者だから許された失敗がたくさんありました。失敗したからわかったこともたくさんありました。「失敗した」ということは「自分の方法を試すことができた」という証拠です。

　初任の先生は，周りの先生を元気にします。若さやフレッシュさ，がむしゃらさは，初任者しかもち得ない，伝家の宝刀なのです。初任者のあなたがいるだけで，職員室は明るくなります。大丈夫です。みんな味方なんですよ。

（北森　恵）

6 新採用教諭がうまく教員1年目を乗り切るために同僚教師ができること
小学校
～上下関係ではなく，対等な関係を～

1 教師の悩みのほとんどは，職員室内の人間関係にある

　私は，現在，教師生活16年目ですが，1年目に学級崩壊を経験しました。2学期になって，毎日のように子どもの間でトラブルが起き，物かくしがあり，授業が始まっても半分以上はまだ体育館やグラウンドで遊んでいました。メチャクチャでした。切なくてつらくて，（教師をやめたい）と毎日思いました。学級崩壊の要因が，私の力量不足にあることは間違いありません。しかし，それだけでしょうか。私は，学級崩壊のもう1つの要因として，

> 私と同僚教師の関係性が悪化したこと

があると考えています。もし，学年主任や他の同僚教師と良好な関係が築けていたら，学級が荒れる前に相談したり助けてもらえたりできたし，きっと，やりがいをもって学級の立て直しに向かっていけたと思うからです。
　では，なぜ同僚教師との関係性が悪化したのでしょうか。要因の1つとして，新採用教諭（以後，初任者）と同僚教師の心理のズレがあると考えられます。

2 初任者教師の気持ち

　初任者の気持ちを考えてみます。自分の周りには，管理職，周りの先輩教師，初任研担当教諭など，すべて自分を指導する立場の人間しかいません。毎日，指導されます。指導され続けると，どんな心理になるのでしょうか。

> 私は無力だ

と思うに違いありません。学年主任をはじめとする同僚教師は，初任者のためを思っていろいろと指導してくれますが，初任者にとっては，自分を否定されていると思って自信を失います。そして，相談しても否定されるだけだと思い，同僚教師との関わりを絶とうとします。明らかに態度が悪くなるので，同僚教師も声をかけにくくなり，学級の荒れが深刻になるまで対応がなされないということが起きてしまいます。最後には，慌てて学年主任や教務主任や管理職が教室に監視役として入ってくるようなことになるのです。一度崩れてしまった関係性は，なかなか修復できず，大変な状況が続いてしまいます。似たような事例が多くの学校で起きているのではないでしょうか。私自身もそうでしたし，その後勤務した学校でも，同じように苦しむ初任者をたくさん見てきました。初任者の学級が荒れてしまうと，管理職や生徒指導主任，学年主任，養護教諭などが多大なる労力をかけて立て直しのために尽力します。そのしわ寄せは他の学級担任にも影響し，学校全体の教育力が落ちていきます。ですから，初任者を無事に１年間終わらせてあげることが学校のために必要なのです。

　本稿では，初任者と学年を組んだときの考え方と力量形成の在り方について，エピソードを交えながら紹介します。

 ## 3 若手とつながるための心構え～上下関係からの脱却～

　私は，30歳半ばの中堅教師です。若手教師と組んで学年を組むことが多くな

ってきました。平成27年度，私は新採用教諭Y先生（新卒，女性，23歳）と4年生担任としてコンビを組むことになりました。Y先生は，講師経験もない初任者です。私と12歳も年の差があります。しかし，私がY先生と関わっていくときに大切にしたことは，

| 同い年のつもりで接する |

ことです。年の差も経験差もあり，学年主任となると，Y先生にとって私はかなり雲の上の存在であったでしょう。前述したように，初任者は指導され続ける存在です。学年主任の私も同じように指導する立場であってはいけません。Y先生にとって，安心できる存

在にならなければならないのです。したがって，私は自分の敷居を思いっ切り下げ，Y先生と同い年のように対等な関係を築くことを目指したのです。そのことによって，困ったときにいつでも相談できる存在になれると考えたからです。具体的なエピソードを次項で紹介します。

4 言葉のかけ方を見直す

　私は，自分の言葉のかけ方からまずは見直しました。「～しなさい」「～してね」という指示・命令口調をやめ，「～しようと思うんだけど，Y先生はどう思う？」「～してほしいけど，できそう？」と同意を得てから仕事を進めるようにしました。その理由は，やる気をなくさないようにするためです。経験ある人もいると思いますが，人から「～しなさい」と言われると，急にやる気を失うことはありませんか。私は妻に，「早くお風呂掃除してよ」と言われると，（言われなくてもやろうとしていたのになあ）と思ってしまいます。命令されると，（自分を信じてくれていない）と思ってしまうのです。

×指示・命令口調・否定	○相談・同意・肯定
～しなさい。～してね。 ～しないとだめだよ。 そのやり方はだめ。このやり方でやりなさい。	～についてどう思う？ ～してほしいけど，できそう？ そのやり方もいいね。私はこう思うけど，どのやり方がいいかな。

あるとき，Y先生から「和田先生は，私に命令をしないし，自分の考えを押しつけないから，私は私のやり方をしていいと思えるんですよね」と言われたことがあります。初任者といえども立派な大人ですし，大学時代に最高学年として後輩から尊敬されてきた人間です。プライドもありますし，自分の思いもあります。そんな大人が一方的に命令され続けていたら，やる気を失うでしょう。指示・命令口調を正すことは，初任者であっても，

> あなたの考えを尊重しているよ

というメッセージを送ることになるのではないかと考えています。

5 職員室の会話の内容を考える

　皆さんの放課後の職員室は，どんな雰囲気ですか。黙々とパソコンに向かい仕事をし，静かな雰囲気ですか。それとも，みんなが集まりワイワイ楽しそうに会話をして盛り上がっていますか。前者と後者，どちらの雰囲気の職員室が初任者にとってありがたいでしょうか。言うまでもなく，後者であることはおわかりだと思います。なぜなら，初任者が先輩教師から助けてもらったり教えてもらったりできるかは，同僚教師とのコミュニケーションの量に左右されるからです。そして，コミュニケーションの量を支えるのは，

> 雑談の量

です。仕事と関係なさそうな雑談が，どうして重要なのでしょうか。初任者H先生（新卒，男性，6年生担任，23歳）との放課後のエピソードです。

> 和　田：H君。昨日の○ステ見た？オリ○ジが，△ーフェクト□ーマンに続いて新曲を出したよね。あのダンスがすごくおもしろかったなあ。
> H先生：僕も見ました。また流行るかもしれませんね。
> H先生：そういえば，和田先生。ダンスで思い出しました。実は，6年生の体育を2学期から僕が任されているのですが，来週から表現運動のダンスをするんです。でも，全く何をすればいいかアイディアがなくて……。教えてくれませんか。
> 和　田：いいよ。自分が知っているネタがいくつかあるから，その中から選んでみる？
> H先生：はい。ありがとうございます。

　このエピソードは，私とH先生が休憩室で一緒にコーヒーを飲みながら雑談しているときのことです。最初は，関係なさそうな話から始まったのに，最後にH先生は私の助けを得ることができました。これは，普段から雑談をしているからこそ，相談しやすい雰囲気がつくられたのだと思います。相談しやすい雰囲気づくりは，対等性を意識し，コミュニケーション量を確保して得られるものと考えています。

初任者育成のための3ステップ

　教職経験のない初任者と組んで学年経営を行う際に，私は年間を見通して以下の3つのステップがあると考えています。

ステップ①	ステップ②	ステップ③
とことん見せる	選択肢を示し、選ばせる	任せる

ステップ①　とことん見せる

　初任者は，何もわからないと考えたほうがよいと思っています。職員会議や

研修，先輩教諭の話している内容など，外国語を聞いているようなものではないでしょうか。それなのに，自分の考えを求められてもわかるはずがないと考えます。学年主任は，まずすべての学校に携わる内容について，「見せる」必要があります。話す

だけではだめです。なぜなら，初任者は話を聞いてもイメージできないからです。実際に子どもの前でどのように振る舞えばよいのか，どんな指示を出すのか，どんな流れで授業をするのか，見せてイメージをもたせることが重要です。以下は，私が４月に行った「見せる」取り組みです。

〈４月に行った「見せる」取り組みと意図〉

内容	意図
○学年集会（４回） コミュニケーションゲーム 学年のめあて決め いじめ防止への意識付け	・全体への指示の出し方（並ばせ方，話の聞かせ方，目線の送り方など）を見せる。 ・楽しい雰囲気のつくり方（笑顔，拍手，声のトーンなど）を見せる。 ・叱り方・諭し方（話の聞き方，私語，逸脱行動への対応など）を見せる。
○学年合同授業 社会（２回），道徳（２回） 体育（週３回）， 総合（３回） 音楽（２回），保健（３回）	・指示の出し方を見せる。 ・発言のさせ方を見せる。 ・ノートの使い方を見せる。 ・指名の仕方を見せる。 ・板書の仕方を見せる。 ・学習ルールの守らせ方を見せる。

　学年集会と合同授業をたくさん設定し，指示の出し方や学習ルールの守らせ方などを見せるようにしました。授業の内容は指導書に載っていますが，指導書に載っていない部分は，やはり隣にいる学年主任が教えていく必要があると考えています。

> ステップ②　選択肢を示し，選ばせる

　学年主任がやっていることを初任者にそのままやらせても，うまくいかない場合が多いです。なぜなら，学年主任と同じ指導技術も考え方もないからです。初任者には，初任者に合った指導法があります。学年主任は，自分の指導法をそのまま示すのではなく，初任者にもできそうなやり方を考え，その上で最も教育効果の上がる方法を示さなければなりません。私は，相談のときに，3パターンくらいの進め方を提示し，できそうな方法を選択してもらうことがあります。一方的に学年主任が考えを話すのではなく，初任者に意見を求め，その考えを反映させるようにもしました。以下は，係活動の例です。

パターンA　当番活動	パターンB　会社活動①	パターンC　会社活動②
黒板係や配り係など，決められた仕事を係が行う。	黒板係や配り係などの当番活動とは別に，学級を楽しくしたりよりよくしたりする会社をつくり，イベントや新聞作成など，子どもが自主的に活動する。	会社活動①に加えて，イベントや新聞を作成すると，「楽しかった」と手を挙げた人数×10万円（シール）が売上げとして，会社に送られる。

　パターンCは，私が行っている方法ですが，Y先生は選択をしませんでした。Y先生は，自主的に動いてほしいという願いはありましたが，担任が全部掌握できるか不安があったためにパターンBを選択しました。Y先生は，趣旨をわかった上で自分にできそうなものを選択しました。Y先生の学級は，1年間会社活動を続けることができ，自主的に子どもが動いている場面を多く見ることができました。Y先生は，自分に合った方法を見つけることができたのです。学年主任は，1つの方法を押しつけるのでなく，幅をもたせることが必要なのではないでしょうか。

> ステップ③　任せる

　教師にとっての喜びは何でしょうか。子どもの成長，保護者からの信頼などがあるでしょう。しかし，社会人としては，学校教育に貢献でき，同僚に認め

られたときであると考えます。学年主任のリードで授業や生徒指導は進みますが，初任者が中心となって仕事を行い，感謝される場面をつくり出す必要があります。以下は，私がY先生に任せた仕事の例です。

- □学年会計　□合唱指導　□音楽の鑑賞　□スクールバスの手配
- □教材の注文　□テストの対策プリント作成　□校外学習の渉外　など

内容を見ると，事務仕事や音楽関係のことが多いですね。これらはY先生の得意分野です。初任者は，何もわからないと前述しましたが，得意なことはあります。得意なことは何か見取り，仕事を頼み，それに対して感謝の気持ちを伝え続ける。初任者は「みんなに迷惑をかけている」と思いがちですが，「あなたは役に立っている」としっかりと感じさ

私は必要とされている!!

せることで，意欲を向上させようとしました。最初は，私から頼むことが多かったですが，途中からは，私が頼まなくても自分から動いてくれました。舵取りは私，実働はY先生ということがお互いに理解できていたようでした。「職員室の中に自分の役割がある」＝「仕事への意欲が高まる」と考えています。

7 最後に

「教師」＝「職人」という世界観があるせいか，どうも初任者は苦しんでなんぼ，鍛えてなんぼという考えが蔓延しているように思います。必要なのは，鍛えることでも苦しめることでもなく，

やる気を高めてあげること

です。

（和田　望）

7 当たり前のことを誠実に続ける

1 同僚と「いい関係」をつくる日々の振る舞い

　教員として採用された日から，学校の組織人としての日々がスタートします。

　どんな組織でも1人でできる仕事は，そう多くはありません。学校という組織で同僚とうまく付き合うためにコツはあるのでしょうか。

　私は，ないと考えます。当たり前のことを誠実に続けることです。以下に当たり前の振る舞いを具体的に紹介します。

(1) **自分から挨拶をする**

　朝，出勤した際，自分から挨拶をします。ほとんどの方が当然のように行っていることでしょう。

　しかし，朝一度挨拶をすれば，それでもう終わり，さっき挨拶したし……と思うことはありませんか。

　しばらくすると，次々に同僚が出勤しています。また，自分が印刷の仕事を終え，自席に戻ると近くの席の同僚が来ているというときにも挨拶をします。何度でも，です。

　退勤する際は，だまって帰ることはないと思いますが，必ず，「お先に失礼します」と残っている同僚に声をかけ，帰ります。同僚が先に帰る際は「お疲れ様でした」金曜日には，「よい週末を」と一声加えることもあります。

　決まりごとのような挨拶ですが，コミュニケーションの一歩です。明るく聞こえる声で。できれば笑顔で。

(2) 感謝を口にする

　代わりに学級に出てもらった，印刷してくれた，仕事を進めてくれた，助けてくれた……同僚に何かしてもらったら必ず，「ありがとうございます」と口に出して伝えています。

　毎回言わなくてもわかるだろう，メモした付箋を机上にあげておいた……ということもあるでしょうが，言葉で伝えることは大切なことです。また，感謝の言葉が聞こえる職員室は気持ちがよく，雰囲気もよくなるものです。

(3) 期日を守る

　外部に提出する文書はもちろんですが，校内のアンケートや反省なども必ず期日を守って提出します。できるだけ配られたそのときに済ませるのがベストです。例えばアンケートは，配られたら即書いて提出してしまいます。

　自分が主任という立場をいただくようになり，取りまとめる機会が増えると，期日までに提出していただくことのありがたさを感じるようになります。逆に催促することは心苦しいものです。提出すれば終わりという場合は，内容の質にこだわらず，できるだけ早く出してしまうほうがよいです。取りまとめる同僚に感謝されるでしょう。

(4) 共感的に聴く

　子どもが帰った放課後も，会議，研修，課外活動などがあり，同僚とおしゃべりができる時間が年々少なくなっています。時間は限られていますが，同僚の話は基本的に共感的に聴くようにします。

　まずは，同僚が言いたいことを言えるように，途中でさえぎらない，「なるほどね」「そうですね」と受け止めて聴くようにしようと心がけています。それは，自分が話すときに同僚にはそう聞いてほしいからでもあります。

　自分がしてもらうと嬉しいことをする。そうした小さな積み重ねが，同僚との関係や職員室の雰囲気をつくっていくと思うからです。

仕事をスムーズに進めるための世代別振る舞い

(1) 上司の話は立って聞き，最優先で対応する

　上司への振る舞いで心がけていることは，「話は立って聞く」と「最優先で聞く」です。

　ある勤務校で，校長室から職員室に出てきた校長が，若い講師の先生の机のそばで若い先生に向かって話を始めました。講師の先生は，座ったまま，校長と話をしていたのですが，校長が突然，「誰に向かって話しているんだ。立って聞け！」と怒鳴ったことがあります。

　感情に任せて怒鳴ったことはよくないことですが，このやりとりを見ていた私は，自分が座っているときに上司に話しかけられると反射的に立つ癖がつきました。立場の違いを気にする上司もいますので，話す際は，「座って」と言われない限り，立って話すようにしています。

　また，上司に呼ばれた際は，返事をし，最優先で話を聞きます。何かやりかけの仕事があっても即手を止め，呼ばれたほうにすぐに行きます。

　些細なことですが，上司と部下という立場を意識して行動しています。

　とはいえ，職場により様々な上司がいます。採用されて数年目，何とか自分でやっていけるというめどがつき，今よりもずっと生意気だった私は，指導・助言にすぐに「はい」と言えないこともありました。

　しかし，上司である校長・教頭の言うことは，言葉が穏やかであろうがきつかろうがどれも「命令」なのです。それを聞かないということは組織人としてはやっていけないと考えます。学校の一員として動いているのだということを常に頭に入れ，最終責任をとる方の指導には耳を傾けることです。

　仮に指導に納得できないということがあっても、いったんは受け止め，後で改めて相談に行く，学年主任や信頼できる先輩に相談するということもできるでしょう。

(2) **若手には敬語を使い，プライドを尊重する**

　大量採用に伴い，職場には若い先生方が年々増えています。自分の考えをしっかりもち，あっという間に仕事を覚えるできる方が多いです。
　私が若い先生方への振る舞いで心がけていることは「敬語を使う」「プライドを尊重する」です。ある年の採用３年目の先生と私との会話です。

> ３年目：「先生，あのさぁ，あれまだある？書初め，貼るやつ」
> 近藤：「あぁ，ありますよ。予備も買っておいたので」
> ３年目：「よかったぁ。貼るの失敗しちゃってさぁ。どこ？」
> 近藤：「確かこっちに…」（と資料室の棚に案内する）

　最初は，一回り年上の私に話しかけてきていると思えないほどのフランクさに驚きました。職場での言葉遣いは組織人，社会人としての基本です。親しさの表れがいわゆる「ため口」を使うことではないと考えています。
　私は，職場では年代に関係なく必ず敬語を使います。ここはプライベートではなく，公の場であることを示す１つです。若い先生方に多い「～しようか？」「うん」などの話しぶりが気になります。―同僚として，公の場では敬語を使うことに気づいてほしいという願いと節度をもち，使っています。
　もう一つは，「プライドを尊重する」です。校内研修で模擬授業をした際，指導主事のアドバイスに途中で泣き出した若い先生がいました。昔のように，悔しさをバネに伸びる，忌憚のないアドバイスがほしいと思う方ばかりではない現状です。若くしてプライドが高い方も多いです。それ以来，校内の授業研修では，よかった点を２つ以上，改善する点を１つ以上というふうによい点のほうを多く出し合うようにしたり，よさを言葉に出し，勇気づくような声かけを意識したりしています。
　心が折れてしまい，子どもの前に笑顔で立てない，逆に子どもに当たることを防ぐためです。プライドを傷つけず，やってよかった，次もがんばろうと思える研修や職員室をつくりたいです。

(3) 先輩のキャリアに敬意を示し，ときに甘える

　ここで想定する先輩は，かなりのキャリアをもつ退職間近のベテランの先輩です。長い教職人生をここまで続けてこられたという事実を尊敬しています。「キャリアを尊敬する」「お願いし，甘える」ことを心がけています。

　自分には難しいことでその方が詳しいことをお願いし，甘えます。

　例えば，総合的な学習の時間にある植物を育てていたときのことです。ある程度大きく育ててから植え戻すために，種をまき，育てます。その際，学校にあった自動散水機の取り付けと設定がよくわかりませんでした。その職場に長く勤務する理科担当のベテランの先生に相談すると，自動散水機があるところを教えてくださいました。機械に弱い私は，聞いても覚える自信がないなと思い，その不安を口にすると「取り付けておくよ」と言ってくださったので，ありがたく甘えることにしました。

　その分，自分にできることで少しでもお返しをするように心がけています。例えば，そのベテランの先生は，メールの返信の仕方がよくわからないとのことでした。「事務さんに聞いたんだけどなぁ」とメモを見ながら苦闘していらしたので，やり方をお伝えしつつ，メール返信を手伝いました。

　退職間際の方のお話は，自分の知らないことも多く，おもしろいものです。夏休みの日直で人が少ないときに，若い頃の話をひとしきり聞いたこともあります。

　また，学級担任を後進に譲って様々な仕事をしてくださっている先輩の仕事は，見えるようで見えないものです。庶務，掲示物，備品管理，各種調査印刷，PTA会計などなど……。学校には様々な仕事があります。それをいつの間にかしていただいているということに気がついたとき，上司のいる職員室で話題にし，感謝を口にするようにしています。

　小学校は，学級担任をしていることこそ最前線というような風土がなくもありません。しかし，担任も担任外もベテランも若手も，それぞれがそれぞれのもち場で確実に仕事をしてこそ組織が回っているということを中堅の私たちが声に出し，尊敬し合う風土をつくりたいと考えています。

⑷ 同年代とはすみ分けつつ，よき理解者になる

　ここ最近，最も気を配っているのが同年代の同僚に対してです。心がけていることは「すみ分け」「心地よいコミュニケーション」です。

　特に同性の同年代の同僚とは，ライバルにならないようすみ分けることを心がけています。例えば，研究主任と生徒指導主任のように役職や仕事を分ける，タイプの違いを強調し，互いの実践を認め合うなどです。

　互いを認め合うことで，お互いの提案を尊重し合い，学校全体にとって益になるような提案の場合は賛同し，応援者になります。

　同年代は，40代前半。働き盛りです。職場では，大きな校務分掌や少々大変な学級，学年主任を任されることが多いです。プライベートでは，母親として子育てとの両立，嫁業，親の介護などもあります。30代に比べ，体力の衰えを感じ始める頃であり，時間をかけ，がむしゃらにやり抜くという仕事スタイルでは難しくなる時期です。

　また，採用数の少ない時代が続いた年代でもあり，職場に同世代がいないことも多々あります。もし職場に同世代がいたら，幸運です。自分を同僚と比べぬようにしながら互いの仕事ぶりに敬意を払い，応援し，協力します。

　以前の勤務校では，珍しく同世代が何名かいました。家庭でも忙しい時期が続くため，なかなか時間がとれないものの，やりくりをし，食事に行ったりお茶を飲んだりする時間をもちました。同じ組織を別の立場から見た視点で意見を交流したり，今後の自分の仕事をどのようにしていくかについて話し合ったりしました。

　40代初めは，分岐点でもあります。このまま，学級担任として実践の最前線を進むか，学校経営を視野に入れ，管理職の道を目指すのか，子育てや介護と仕事との両立をどうするか……。

　特に女性は，共感しながらコミュニケーションをとることがコツです。同僚性が高まります。

もしも合わない人がいたときの振る舞い

　職場の同僚は，友だちではありません。気が合わないから付き合わないというわけにはいきません。まれにどうしても気が合わない，一緒にいて話していると何だかイライラするという同僚に出会うこともあるかもしれません。

　本来は，そうなるきっかけや出来事がいくつか積もりそのような感情になるわけですから，その手前で改善を試みることが肝要です。学年を組む同僚と合わないとなると，支障をきたす場合があります。受け止める，おしゃべりをする，認める，役割を分担し任せるなど，意図的にコミュニケーションを図ります。意外な面を発見することで関係改善につながるかもしれません。

　しかし，それができない場合もあるでしょう。どうしても合わない人というのはいるものです。その際は，「つかず離れず」です。挨拶はもちろん欠かしません。ある職場では，自分が合わないと思う人に挨拶をしない，挨拶をされても返さないという話を聞きました。組織人として，それはあってはならないことです。

　合わない人とは，無理に込み入った話や相談をし，心を開こうとすることはないのです。同僚は限られた期間，職務遂行のためのチームメイトです。仕事を分担し，ごく普通に必要に応じて進捗状況を確認したり，仕事上の相談をしたりするにとどめればよいのです。そして年度が替わり，学年や校務分掌が変われば，一緒に仕事をする必要がなくなります。

　新採用の頃，一緒に分掌を担当した女性の先輩の感情的なもの言いが怖くて，一緒に仕事をするのが憂鬱だった時期がありました。ある会計についてあまりの言われように職員室で何も言えなくなり，その仕事を続けることが気重だったことがあります。しかし，大規模校だったこともあり，その仕事が終わるともうその先輩とあまり関わる必要がなくなりました。

　合わない人，苦手な人と過ごすのは長くても１年です。無理をせず，つかず離れずで，何とか時間をやり過ごすこともときには必要です。

4 素直さと,こぼせる仲間をもち,成長する

　成長に必須なのが「素直さ」です。経験を積み,自分なりのこだわりをもつということは悪いことではありません。学んできた人,講師経験がある方ほど,よいものを知っており,見る目が肥えていたり,自分流のスタイルがあったりもします。

　しかし,初任者のときは,周りの方の助言に素直に耳を傾け,まずはやってみるということが必要ではないでしょうか。やってみた上で,自分や目の前の子どもに合うもの,合わないものがわかってくるからです。

　2年目以降は,自分から聞かなければ周りの方からは丁寧に教えてもらえなくなっていきます。初任のときは教えてもらえることに感謝し,自分のフィルターにかけすぎずに,素直に実践してみることをお勧めします。

　その上で「先生のアドバイスのようにやってみたら…でした！」と言えるとよりよい関係がつくれるでしょう。自分の助言を聞いていると同僚に思われること,同僚への感謝を示せる人は,組織人として可愛がられます。

　本当に自分のしたいことをするためにも,助言を素直に受け入れる,譲るべきところでは譲るなどし,同僚からの信頼を貯金しておくことです。それにより,「あの先生なら……」と提案を受け入れてもらえるようにもなります。

　上司や先輩の指導助言はすべて納得できることばかりではないこともあるでしょう。その際は,真っ向から「私はそうは思いません」と言うのではなく,ワンクッション置いて考えてみる,その上で自分の気持ちを伝えることです。

　もう一つ,「こぼせる仲間をもつ」ことです。合わない上司,先輩,後輩がいたとしても,大勢の中には必ず自分の味方になってくれる方もいるものです。気持ちを話せる同僚を見つけることです。ときにはこぼし,励まし合いながら組織人としても成長していきましょう。

（近藤　佳織）

8 小学校 こうすれば仕事が楽しくなる！

1 同僚と「いい関係」になるための心得

　私が職場で大切にしていることの一つに「目配り・気配り・心配り」があります。私の考える「目配り・気配り・心配り」は下記の内容です。

○**目配りとは**
　自分のことだけではなく，<u>周りに注意を行き届かせ</u>，周りから見聞きした一つ一つの本質を見極めること。

○**気配りとは**
　目配りで感じ取った本質から，<u>何をしてあげればいいか考え</u>，相手に気を遣い，心配すること，配慮すること。

○**心配りとは**
　気配りで感じたことをもとに，相手がよいと感じることができるよう<u>思いやりの心をもって実際に行動で表すこと</u>。

　簡単に述べると「周りに注意を行き届かせ，何をしてあげればいいか瞬時に考え，思いやりの心をもって実際に行動で表すこと」です。
　周りとの関係が良好な先生方は，無意識的に上記のことを行っているのではないでしょうか。難しいように感じるでしょうが，慣れてくると自然にできるようになるものです。自分の行った心配りで先生方が喜んでくださると，それが自分のモチベーションにもなります。他者のために行っている行動が，いつの間にか他者に認められることにつながり，自分のためになってくるのです。「他者のためは自分のため」という，よい循環が生まれるのです。

> 　ある雪の日，私は「学校の正門に雪が積もり，車のタイヤが滑る可能性があるから少し溶けるぎりぎり出勤しよう」と思い，出勤時間ぎりぎりに学校へ行きました。すると，ベテランの男性先生が，1人で車の通る玄関の雪かきを行っていました。私は恥ずかしくなるとともに，そのような行動をとる先輩先生の背中から様々なことを学ぶことができました。

　この先輩先生は常に自分の都合で動くのではなく，「どうすれば周りがうまくいくか」「全体の仕事がうまく回るか」そのようなことを損得なしで考えておられたのです。このような姿から，最終的には「人としての在り方」が問われるのだということがわかりました。「『何を言ったか』ではなく，『誰が言ったか？』」という言葉を聞くことがあります。この言葉が物語っているように，どんなによいことを言ってもその人の「人間性」が問われてくるということです。「人間性」の積み重ねが良好な人間関係を築いていくのです。

　人として「誰とでも良好な関係を築き仕事を行いたい」と考えるのは当然でしょう。良好な関係があれば仕事もプライベートも楽しい日々が過ごせますし，何より目の前の子どもに集中することができます。ただ，残念なことにそう簡単にはいきません。ここで良好な関係づくりの邪魔になるものが「自己中心性」です。自己中心的に考えていると「私はこう考えるのに……」「私は間違っていないのに……」「私は家庭も学級の仕事も忙しいのに……」など自分の予定や大変さばかりに目が向いてしまい，周りの大変さに目を向けることができなくなるのです。周りに目が向けられなくなると，うまくいかない責任を周りに求め，職場の雰囲気を自分が悪くしてしまうのです。

　そうならないように，「他己中心」で人と接し，自分の「人間性」を日々磨いていくことこそが同僚とよい関係を築くための極意になるでしょう。自分の利益のみを求めるのではなく，「全体」を考えることが大切なのです。

2 管理職とうまくやるコツ

> 報告・連絡・相談・確認を確実に行う

校長：「○○の生徒指導事案は聞いてなかったけど，私にちゃんと報告しないと‼」
本人：(教務の先生や教頭先生には伝えていたのに……)

校長に伝えても教頭・教務に伝わらないことがあります。その逆で，教頭，教務に伝えても校長に伝わらないことがあります。これは仕方がないことです。管理職の人間関係にもよりますし，突発的な連絡ミスの可能性もあります。大切なのは**自分で確実に伝える**ということです。教頭や教務に連絡事項を伝えた後に，「**校長先生にも伝えておきますね**」という一言です。自分の仕事は自分で最後まで責任をもって行うことで，ミスが減ります。

管理職の仕事も膨大であり責任も大きいです。「当たり前でしょう」と捉えてしまうと，そこにリスペクトの心は生まれません。同じチームで仕事を行う上司として，リスペクトの心をもちながら接すると言葉や行動にその気持ちが表れます。その積み重ねが良好な関係の基盤になってくるのです。

○提案文章などを確認してもらうときには，必ず顔を合わせて「ご指導お願いいたします」と伝えましょう。決して机の上にポンと置いておくようなことがないようにします。

○教務（主幹）・教頭（副校長）・校長の順番に提案文章を見てもらえるような印鑑を押す枠を設けて，教務から回すようにしましょう。その際，自分の直属の校務分掌担当主任にも確実に文章を渡すようにします。

校長	教頭	教務	担当	お忙しい中申し訳ありません。 ご指導よろしくお願いいたします。 　　　　　○○担当　学校　太郎

3 年下とうまくやるコツ

◆ 年下の意見を一番始めに聞く

　生徒指導部会・学力向上部会などの会議や学年会には，まず年下の先生に意見を求めます。なぜなら，年下の先生は経験が少なく，見通しがもちづらいため，浅い意見になったり多くの意見を言えなかったりします。そのため，先にベテラン先生に意見を求めると，年下の先生の考えを述べる場がなくなってしまうのです。意見を述べる場がないと，会議への主体性が下がるとともに肯定感も下がってしまいます。そうならないためにも，「○○先生（年下）どう思う？」という相手の意見を大切にする環境づくりが必要になります。このような場を多くもつことで「○○先生は私の意見も大切にしてくださる」と思い，少しずつ信頼関係を築いていくことにつながるのです。

○悩んでいるときには，しっかりと聞き役に回り，いくつかの手法を提示してあげるのが効果的です。「これがいいよ」と相手に1つの手法を押しつけるだけでは，無理やりやらされているという感覚に陥ります。

○アドバイスを行うときには「何のために？」を考えて伝えることが大切です。もちろん仕事のためですが「先生がきつくならないように○○しておいたほうがいいよ」という相手を気遣う言葉が大切になってきます。

　「○○することで先生（年下）にこんなメリット（価値）があるんだよ」という伝え方をすることで相手も意見を受け入れやすくなり，「この先輩の意見はためになる」と思ってもらえるようになります。

○「最近どう？」「困ったことはない？」と年下に聞いていくことで，安心感をもたせることができます。悩みを聞くときには相手への共感を大切にしながら，①相手の目を見る②柔らかくうなずく③真剣に（最後には冗談も交えながら）が必要です。「でもね」「ただね」は基本使いません。

4 年上とうまくやるコツ

◆ 若い者が一番に動く

「経験も考え方もまだまだの若い自分に何ができるのか？」と考えたときにまず浮かんだことが【動きながら学ぶ】ということでした。私が若いときは「尻が重い」と初動の遅さを先輩に指摘されていました。「電話は一番に取る。席が遠くてもできるだけ取れるように動く」「対応の必要な保護者が来られたときも自分ができるだけ対応する」「印刷室の紙などの補充をできるときに行う」「地域行事には率先して出席する」「重いものを運ぶ」など，【動く】ことを大切にすることで，多くの先生方からだけではなく，地域の年長者からも認めてもらうことができました。

具体的に【動く】場面例

○ 修学旅行・自然教室など担当学年が出発するとき・帰ってきたときの荷物を率先して運ぶ。出発式や帰校式にも出られるように動く。

○ 子どもが忘れ物をして放課後に取りに来たとき，担任の先生方がいないときには他学年・他学級でも必ず付き添う。（盗難防止）

○ 来校者（保護者・他校の先生・地域の方・業者）に気付いたときには率先して対応に動く。

○ ベテラン先生がしている仕事で自分ができそうなことには「自分がやりましょうか？」と声をかける。

○ 職員作業などでは最後の片付けが終わるまでその場に残り，忘れ物がないかの確認を行う（鍵閉めまで行い，最後に作業場を後にする）。

○ 職員室で壁際の席の先生方の後ろを通るときには「失礼します」という声を必ずかけて通るようにする。

○ 印刷室の紙の補充や整理整頓などを時間の空いたときに行う。

5 同年代とはこう付き合う

(1) 語り合う場をつくる

　若手・中堅・ベテラン・管理職とそれぞれの時代で悩みも変わります。そのときに語り合える同年代の仲間がいるということは大きな支えになるものです。仕事だけではなく，家族，子育てにおいても同年代だからこそわかり合えますし，語り合うことができます。だからこそ，職場だけでなく外で語り合う場が有効になるのです。語り合う場が自分を高め，自分の悩みを解消し，自分のモチベーションを上げ，互いにつながる絶好の場になります。特別に飲み会の場をつくらなくても，放課後や朝の５～10分でもいいでしょう。同年代で語り合う場が，よい関係を構築することになります。

(2) 頼り，頼られる関係をつくる

　同年代でも専門としていることや得意としていることは異なることがあるでしょう。だからこそ，情報交換を行い，得意分野をそれぞれ生かすことが大切になってきます。「○○ってどうした？」「○○の教科ってどんなふうに進めるといい？」という声のかけ合いが，頼り，頼られる関係を構築し，互いのメリットにつながっていきます。

(3) よきライバル関係になる

　互いの実践報告をし合うことは，切磋琢磨しながら成長できることにつながります。そこに多少なりともライバル意識をもち，互いの実践を認め合うことで自分自身の伸びにつながるのです。

　互いの授業を見に行くことでの刺激も大きいです。私は，互いに授業を見合いＴＣ記録や板書を記録し，互いの授業のよさを伝え合う場を必ず設けてきました。同年代だからこそ見える視点というものがあり，学びも深く，高め合う仲間となることができるのです。

6 合わない人とはこう付き合う

◆ 適度な距離を保つ

「レベルが高すぎてついていけない」「仕事への考え方が違う」「性格が苦手」様々な要因が考えられますし,どの職場でも1人はいるものでしょう。そんなときに大切なことは「適度な距離を保つ」ということです。「適度な距離」を保ち,ストレスを溜めないことで,合わない人との時間を乗り越えていくことができます。

- ○ 必要最小限しか職員室に降りず,教室で仕事を行うことで,顔をできるだけ合わせずに済みますし,仕事がスムーズに進みます。
- ○ 朝早く出勤し,職員室での仕事を済ませ,教室に早く上がることで,子どもとの時間を多く確保することにもつながり,ストレスも軽減されます。
- ○ 人としての大切な「挨拶」や「気遣い」を行うことで,大きな歪みは生まれません。最低限の笑顔や関わりはもつようにしましょう。
- ○ 1対1ではなく,必ず3人以上での会話になるような環境設定をすることで,ギクシャクしそうな会話も穏やかにすることができます。
- ○ 共通点を見つけることで,相手のよさを認めることにもつながります。
- ○ お土産やお菓子を持っていきましょう。
- ○ 考え方が合わない人に対して意見を言うのをやめましょう。合わない人と議論してもぶつかるだけです。「今年1年は我慢」の気持ちも大切です。
- ○ 自分の成長の場と捉え,あえて積極的に関わってみるというのも1つの方法です。どう相手と付き合うかを考える中で自分の成長につなげてみるのもいいかもしれません。
- ○ 相手を変えようと思っても変わりません。自分を変えていきましょう。

7 初任者のための職員室サバイバルテクニック

(1) 「頼り上手」になる

「頼り上手」になることが，この1年を乗り越える一番のポイントです。そのためには1か月先の自分に関係ある予定を確認し，誰にいつ何を尋ねるか整理しておくと，計画的に仕事を進めることができます。

(2) 誰に相談すればよいのかを考える

校務分掌では，自分の担当の上司は誰なのかを確認し，必ずその先生との連絡を密にするようにします。そして，年齢の近い頼りになりそうな先輩を見つけておきます。何かあったときに相談に乗ってくれる人がいることは強みです。

(3) メモをとる

「さっき言ったよね？」「この前言ったよね？」多くの仕事がある新任にとっては，何のことをいつ言われたのかわからなくなることがあるでしょう。だからこそメモをとる習慣を身につける必要があります。言われたことをメモしておけば，振り返ることができます。先輩方からのアドバイスをメモするだけではなく，子どものよさをメモすることもできます。子どものよさは通信表に用いることもできます。まずは持ち歩くことから始めましょう。

(4) 「わからないこと」が「わからない」ことを自覚する

「わからないことがあったら聞いてね」先輩方から言って頂ける言葉です。ただ，「わからないこと」が「わからない」自分がいることも事実でしょう。それを受け入れた上で先輩方の言動に注視し，「尋ねる」ことが大切です。「返事はいいがわかっていない」という声をよく聞きます。言われたことを自分の口で繰り返し，疑問があったら「尋ねる」ということを習慣づけましょう。

（内藤　慎治）

9 小学校

ノンプライダー参上
（プライドなんてくそくらえ）

1 同僚と「いい関係」になるための心得

　学生時代は簡単に同級生と仲よくできたのに，仕事になると難しいと感じることがあります。私は教師になる前，サラリーマンやアルバイト，教師以外の公務員をしてきました。

　サラリーマン時代，会社が扱っている商品の売上げにすべての部門の社員が協力しなければいけない環境がありました。朝には，売上げに関する成果報告がありました。働いている人たちも，現場のたたき上げで集まった人で，学歴にかかわらず集められており，そこに対するプライドも感じられました。ただ，仲間意識が強くあるようで，特定の人たちで固まっているように感じました。

　アルバイト時代，酒蔵の醸造の手伝いと配送をしていました。他の社員の人とも話はしましたが，待遇の話は出ますが，仕事に対するプライドに関するような話はすることがなく，仲間と協力というような話も聞きませんでした。また仕事に対するプライドを話す場面にも恵まれませんでした。

　公務員（教師でない）時代，教師になることによって環境を変えてしまうのを戸惑うくらいのよい人間関係でした。市民からの要望（クレーム含む）と法律との狭間で苦しいことも多々ありましたが，良好な人間関係がそれを耐えることの助けになってくれていました。仕事に対する展望を同僚が語ることもあり，仕事に関するプライドを感じる場面にも恵まれました。これらのことから考えたのは，同僚と「いい関係」になることに関係するのは

　1．自分のプライド
　2．相手のプライド
　3．職場環境

4．接触時間
　5．共通体験

というものの中で，4・5の量が大事ではないかと考えました。現在の社会ではどのような業界でも，3の厳しさは多少の差はあれ変わらないと思います。4・5の時間・体験の増加が人間関係を良好にする一因になるのではないでしょうか。そして，3の厳しさから自分を支えるものになると思います。

　1・2の仕事へのプライドに関しても，4・5の量を多くとることによってお互いを理解し合え，誤解が生じる機会を減らすことができるのではないでしょうか。

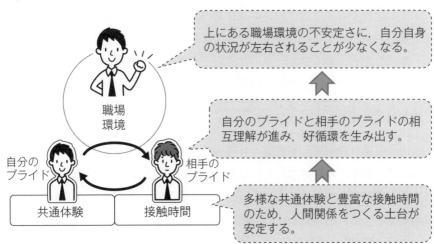

　豊富な共通体験や接触時間が確保されると，もしも互いに問題が生じることや，プライドがぶつかり合うことが生じても，相互理解を促す環境があるために，大きな問題に発展することが少ないのではないでしょうか。

> 同僚と「いい関係」になるには，多様な共通体験と豊富な接触時間を意識する

同僚と「いい関係」になるコツ

(1) 上司とうまくやるには

　上司を管理職として見たとき，やはり４．接触時間，５．共通体験の確保が必要と考えます。

　管理職がやっている業務の中で接触を図れそうな場面がいくつかあります。
　　①学校施設管理中
　　②学校・地域の行事参加中

　①での学校での施設管理作業中は作業の話をする以外に移動時間もあるので，意外と日常会話をすることができます。また②で行われる夜間パトロールなどは，地域の方も含めてグループになるので会話をする時間が結構あります（私の地域では，１時間ほど地域を回ります）。これらの時間を使い

接触時間を増やしていきます。

　次に，共通体験です。管理職と共通体験をもつことは会話以上にハードルが高いと思います。私が意識しているのは，学級のこと，またプライベートのことを進んで話す，また相談してみるということです。ありのまま全部を話し，相談していては，管理職も忙しいので，

　「それぐらい自分で考えな！」「無駄話はあとあと」

と思われるかもしれません。でも，あえて話してみます。

　相談したことは管理職も経験していることもあり，

共通の体験として記憶され，何となく距離が縮まった気がしました

（実際の距離感は置いといて，縮まった気持ちで十分です）。また，自分の家庭のことなども積極的に自己開示していくと，親近感を感じてもらえ，人生の先輩としてのアドバイスがもらえることもありました。こうして接触時間を増やすと，必然的に共通体験も増え，関係性も円滑になったと思います。

(2) 年上とうまくやるには

　ここでは，年上を主任や先輩教師として見たいと思います。
　やはり4．接触時間，5．共通体験の確保が必要と考えます。接触時間は，主任，特に学年主任とは多くとることができると思います。また同じ学年ということで共通体験も多く経験できると思います。ここでも上司と同じで，相談というものを活用したいと思います。
　少しでも悩んでいることがあれば積極的に相談してみることがお勧めです。答えを出してもらわなくても
　「いやー○○で困ってるんですよ～」
　「あーまいりました。どうしたらいいですかね」
　「助けてください～」
　こんな軽いトーンでもいいかもしれません。
　学年主任に相談をもちかけるのはもちろんですが，学年をまたいで他の学年の先生のところにもよく行きます。
　私の学校は学年ごとに島のように職員室の机が配置されています。私は島をまたいで，話しかけに行きます。そのときは
　「いやーまいりましたよー」
というようなトーンです。こんなトーンで話しかけられた先輩の先生も，嫌な表情をされたことはありませんでした。たいてい
　「どうしたどうしたー」「またかいなー」「そーやろー」
という感じで迎えてくれます。ときにはどうでもいいプライベートの話をすることもあります。むしろ，なじんでくるとそっちの比率が増えてきます。すると先輩が自分の経験を語ってくれ，ここでも

> 共通体験をもつことでお互いに親近感をもつことができました。

　積極的に自己開示し，悩みを伝え，そこから相手の体験を引き出し，共通体験とすることが関係性をよくしていくことになるのではないでしょうか。

(3) 年下とうまくやるには

　やはり４．接触時間，５．共通体験の確保が必要と考えます。私は年下でも積極的に相談します（何せノンプライダーです！）。

　私は，他の職業を経由しているので年の割に経験が少ない。直近２年間，現場を離れていたので現場に対して浦島太郎である。という２点があり，相談しやすい環境にもあります。細かいことで言うと，宿題の出し方やテストのグレーな答えについての判断などです。

　「これどーすんの」「わからんから教えて」「どっちにした」
など相談，質問をよくします。

　その結果，「初任か！」と周りから言われることもしばしばです（もちろん冗談で言われています）。

> 接触時間を増やしていくことに主眼を置いています。

　もしかしたら，この過程で１・２の自分のプライドと相手のプライドが影響してくるかもしれません。

　年下に聞くなんて，と自分のプライドが頭をもたげるかもしれません。

　そんなことは打ち払いましょう。ノンプライドのノンプライダー万歳です。いい人間関係を築くためです。しかし，あからさまに，わかっていることを聞いては，相手もバカにされていると感じてしまう恐れがあります。あくまで自然に

　「ちょっと，忘れたんやけど教えて」「これについて，どう思う」
というスタンスが望ましいと思います。一度聞いてしまえば，あとは自分のプライドも，気にすることが減ると思います。また，年下に積極的に質問することにより親近感を感じてもらえると思います。しかし聞きすぎ注意です。何でもかんでも聞くと

　「この人頼りない……」「担任してる学級は，大丈夫だろうか……」
となってしまうかもしれません。あくまでほどほどに。

⑷ 同年代とうまくやるには

　やはり，4．接触時間，5．共通体験の確保が必要と考えます。しかし，これまでと少し違うのは，接触時間を増やしながら共通体験を思い出すということです。私がよく話すのは，昔のテレビの話，ゲームの話，漫画の話，遊びの話などです。今までの上司，年上，年下のときは接触時間を増やすことから始め，共通体験を積み上げていくということを念頭に置いていましたが，同年代の場合は，共通体験を積み上げるのも大事ですが，共通体験を思い出すということに重きを置きます。具体的には，

　　A「子どもたちって何のゲームしてるんやろね」
　　B「自分たちの頃は○○やってたよね」
　　A「そうそう。△△もやったよね」
　　B「あれ裏技あったよね」

というふうに，子どもの話から自分の過去にさかのぼり，私の過去の体験とあなたの過去の体験を出し合い，

> 私たちの過去の体験

というふうに変えていきます。こうして，私たちの過去の体験というふうに共通体験を掘り当てていくと，様々な日常会話に共通項を見出すことも可能になってきます。

　これらの過去の共通体験での親近感を増やしておいた上で，仕事での共通体験を増やしていくと，よりスムーズに業務が運べると思います。そして，

> 私たちの今の共通体験

がつくられると，円滑な人間関係になっていくのではないでしょうか。まずはその金脈である，過去の共通体験を探すことをお勧めします。

　この人は漫画なんて読んでないだろう，ゲームなんてやってないだろうという人でも，話を振ってみると意外にも読んでいたことがわかり，私自身にも急速に親近感がわき，お互いの距離が縮まった経験があります。

3 合わない人とはこうつき合う

　やはり4．接触時間　5．共通体験の確保が必要と考えます。合わないと感じる人とは圧倒的に4の接触時間が不足しているように感じます。接触時間を増やすことですが，いやいや増やしていっても顔に出てしまうかもしれません。無理のない範囲で接触していってはどうでしょうか。ときには

合わない人との接触プレイ

をしているというくらいの気持ちでもいいかもしれません。プレイというと何だか，いやらし一雰囲気と感じるかもしれませんが，これには過去の実践例があります。

　「マイブーム」「ゆるキャラ」という言葉を世に送り出し，人に知られない形でブームをつくり出している，みうらじゅん氏は，とあるプレイについて過去に言及しています。それは「親孝行プレイ」というものです。親のありがたみは亡くしてからわかるとも言いますが，生きているうちに親孝行してみたいものです。しかしながら思春期をはるかに過ぎたおじさんでも，親孝行は何だか気恥ずかしいものです。そこで氏は「親孝行プレイ」と名づけることで気恥ずかしさを紛らわせ，楽しむ素地をつくっていました。これは一見不真面目なようで，実は真実をついているようにも感じます。

　苦手なことは無理せず，まずは形から，嫌々やるくらいなら，楽しめるものは楽しみながらという姿勢です。

　そこで，これを応用して**合わない人との接触プレイ**です。

　レベル1：3回声をかけることができたらクリア。（挨拶程度）

　レベル2：学校のことについて話せたらクリア。（仕事の会話）

　レベル3：プライベートな話をしたらクリア。（日常会話）

　レベルマックス：相手からプライベートな話を振ってきたらクリア

　自分でハードルを設定して，楽しみながらやっていくのはどうでしょうか。

4 初任者のための職員室サバイバルテクニック

ズバリ以下の2点をお伝えします。
　1：愚痴る相手の確保　　2：万が一のときは，まじ逃げろ
　初任者の皆様，お疲れ様です。初任者の頃は，なりたくて教師になったのに，現実と理想のギャップに悩んでいました。
　・何でこんな授業しかできないのだろうか。
　・何で子どもが思うようにいかないのか。
　・何で保護者や周りの先生はわかってくれないのか。
　今考えればKKH（顔から火が出る）思いです。今悩んでいるあなた！悩んでいるということは，それだけ真剣に教師という職業に向き合っているということだと思います。素晴らしい。でも苦しいですよね。そんなときは

1：愚痴る相手の確保

　同期は同じ苦しさを共有しているので話が通じやすかったです。解決策は見つからないまでも，感情共有ができ，それで少し気持ちが軽くなりました。
　昔の仲間は，仕事の内容に関わりなく，お互いの現状報告とお互いつらいよねー。という話をし合いました。解決策は見つかりませんが，苦しいのは他の職業でも同じだと，どこかほっとしました。心の安定が得られました。

2：万が一のときは，まじ逃げろ

　もしも無理なら逃げたらいいと思います。私も転職組なので，言い切ることは難しいですが，人間その気になればどうやってでも食べていけるし，後で再チャレンジもできると思います。勇気をもって立ち向かうのではなく，勇気をもって逃げる決断もありです。またやりたくなったときのため，命があればこその再チャレンジ！

（荒巻　保彦）

10 小学校

アホになれ

1 同僚と「いい関係」になるための心得

(1) 可愛がられるアホになれ

　私は学生の頃から教師になるまでに10種以上の職種を経験しました。若い頃は我が強く，生意気で，同僚と衝突することも多々ありました。

　人は「よく見られたい」と思うものですし，実際の能力以上に評価されたいと考えるものではないでしょうか。私ももちろんそうです。

　でも，自分を大きく見せようとして周りから引かれたり，正論だと自分が思うことを主張して敵をつくってしまったりすること，ありませんか。

　半世紀を迎える人生経験の中で，私が身につけた対人関係の最大の技は，

アホになる

ことです。疎ましがられる賢さより，可愛がられるアホさを私は選びました。

　では，可愛がられるアホになるためにはどうしたらよいか。私は次の３つを心がけています。

> ① **ユーモアを基本に，いつも笑顔でいる。**
> ② **共感とスルーを駆使する。**
> ③ **貢献するが，評価や見返りを求めない。**

　①はおわかりいただけると思うのですが，②はどういうことかと言いますと，相手が話すことを私は否定せず，まずは受け入れることを基本にしているのです。そして，少々嫌なことを言われても，スルーする（聞き流す）ようにしています（もちろん限度はありますが）。

これら，対人関係の基本としていることは，既刊の『思春期の子どもとつながる学級集団づくり』[1]や『保護者を味方にする教師の心得』[2]に詳しく書いていますので，お読みいただければ幸いです。
　そして，校務分掌は当然のこと，それ以外のことでも，自分ができることをして貢献し，でも，評価や見返りを求めないことも大切です。
　私は毎朝7時前に出勤し，昇降口の掃き掃除をしています。それで，子どもたちや他の職員の人たちが気持ちよく1日をスタートしてくれたら嬉しいと思いますが，お礼を言ってもらいたいとは思いません。
　「やってあげている」オーラを出すと，周りから見ると鬱陶しいものです。あくまでも「させていただいている」意識で，貢献します。

(2) 自分をバカにするな

　アホになっても，自分をバカにしてはいけません。自分をバカにしていたら，人からもバカにされます。「アホ」と「バカ」のニュアンスの違いは，関東と関西では違うかもしれませんね。私が考える対人関係を円滑にするための「アホ」は，人から可愛がられるために「アホ」を演じるということであり，「自分はダメな人間だ」と自分自身をバカにすることではありません。
　「自分を大事にしている人は，周りからも大事にされる」ということは，脳科学的にも立証されているようです[3]。
　自分を大事にするためにも，身なりを整え，目に見える部分を美しくすることを始めてみませんか。特に，職員室の机上は，他の職員に自分を表す一つの場だと私は思うのです。見た目にだらしなくて，机上が散らかっている同僚を，大事にしようとか，信頼しようとか，あなたも思わないのではないですか。参考文献を見て，まずは机上を美しくすることにチャレンジしませんか[4]。

同僚とうまくやるコツ

(1) 上司編～懐に飛び込め～

　さて，困りました。同僚とうまくやるコツを，相手の立場別に記述しなければいけないのですが，私は相手が誰だからと言って，接し方が変わることがないのです。

　上司に対しても「アホ」な面を前面に出しているつもりです。

　ただ，上司に対して意識していることは

結果を出す

ということでしょうか。校務分掌等で任されていることなどを，できるだけ早く，できるだけ上司の期待以上の形で，結果を出すことは意識しています。

　また，自分の学級経営を知ってもらうために，毎日発行している学級通信を必ず上司にも渡しています。

　それから，これは特に上司だからというわけではないのですが，意識しないと距離ができてしまう立場の人には

懐に飛び込む

気持ちで接しています。保護者などにもそうです。詳しくは前掲の『保護者を味方にする教師の心得』[2]をご参照ください。「アホになる」ことと同様に，「懐に飛び込む」ことができれば，相手に邪険にされることはないでしょうし，可愛がってもらえます。

　上司だからと言って，媚びへつらう必要はありません。上司だからと態度を変える人を周りの人は信用しないでしょう。

(2) **年下編～先輩風を吹かすな～**

　私の周りは圧倒的に年下が多い職場です（つまり私が歳をとっているということですね）。

　やはり，年下だからと言って，態度を変えているつもりはありません。もちろん言葉づかいはフレンドリーになりますが，自分と

対等である

という意識で，敬意をもって接しています。これは，学級の子どもたちと同じです。

　年上だから，先輩だからと言って，年下のやることに何でも口出しし，指示をしてしまうのは感心できません。これも学級の子どもたちと同じですね。

　年齢を忘れて，アホなことをしている私を，年下の同僚たちは，温かく見守ってくれています。可愛がってもらえていると思うのはおかしいのかもしれませんが，それだけ居心地のよさを感じているのです。

　ただ，年下の人と接する中で，意識していることを挙げるとすれば，

尻拭いは私がする

という意識をもっている点でしょうか。学年団や校務分掌等で，もし年下の人が失敗したら，私が責任をとる覚悟はあります。でも，それは，相手に知られないようにすることが大切です。あくまで私は「アホな志乃さん」なのですから。

　周りに年下の同僚が多い分，彼らから学ぶことが本当に多いです。情報収集能力，行動力など感心しきりです。

　もし，年下の同僚に対して苦言を呈したいときは，ポイントを絞り，説教にならないようにしましょう。先輩風は吹かせないように。

(3) 年上編～素直であれ～

　年下の同僚が多い分，年上の同僚は私にとって貴重な存在です。私と同じスタンスの人がほとんどで，先輩風を吹かしている人はいません。ありがたい職場で働かせていただいていると，心から感謝しています。

　読者の皆さんは，年上の人との関係で悩まれている方が多いのではないでしょうか。

　年上の私から見れば，年下は経験が浅い分（年下が全員，経験が浅いとは限りませんが），うまくいかないことが多いのが当たり前，失敗することだってたくさんあると思っています。

　年下の人は，年上の人から注意などを受けたとき，どう反応するかということがとても大切です。

　私が年下の同僚に授業のことで「これはどうしても言っておかなければ」ということを珍しく注意したとき，その同僚は自分の過ちに気づいたのに，素直に聞き入れなかったことがあります。私の言い方も悪かったのだと思いますが，彼女に対する私の評価は残念ながら下がりましたし，彼女に対してもう何も言うまいと思いました。

　これも年上に限りませんが，人と接する中で大切なことの一つに

素直になる

ことがあるように思います。

　教師はプライドが高い人が多いのか，自分の失敗や間違いを指摘されると，素直に聞き入れることができず，中には攻撃的になる人も時々見かけます。それは残念なことです。もっと可愛いアホになりましょうよ。

　それから，年上の人は「年寄り扱い」されるのは嫌ですが，「労られる」のは嫌ではありません。重い荷物を持ってあげたり，パソコン関係のことは引き受けてあげたりしましょう。喜ばれますよ（私だけかな？）。

(4) **同年代編**〜刺激し合える仲であれ〜

　同年代の同僚がいる職場が羨ましいです。同年代で，しかも教員歴も似たようなものであれば，お互い意識しますよね，きっと。

　それが精神的に負担になる人もいるかもしれませんが，そのことを有効活用しませんか。

　授業であったり，教室環境であったり，学級通信であったり，何事も高め合っていきましょう。自分自身のためでもありますが，何よりも子どもたちのために。

　同年代とは少し違いますが，「同学年で足並みをそろえる」という考えを聞くことがあります。メリットもあるのかもしれませんが，私には「お互い無理せず楽をしましょうね」と言っているような気がしてなりません。

　足を引っ張り合う競争ではなく，相手のよいところは認め，そこから学ぶことができる

刺激し合う

よいライバルになりたいですね。そのためにも，私は

自分の手の内を相手に示す

ことをお勧めします。

　例えば，前述の"同僚と「いい関係」になるための３つの心得"も，同年代の同僚に教えてしまい，「笑顔競争」「共感・スルー競争」「貢献競争」をしてみるといいですよ。そうすると，意識し続けることができます。

　同年代の同僚と，アホになり合いましょう。「アホ競争」はやりすぎかしら。でも，何でも楽しんだもの勝ちですよね。何度も言いますが，それがあなた自身のためだけではなく，子どもたちのためになるのですから。

3 合わない人とうまくやるコツ〜感謝し，称賛せよ〜

どうしても合わない人って，いますよね。私もいました。その人に会うのがつらい日々が続いたこともあります。

どうやってそのつらい日々を抜け出したのか……。それは，その人に

> 「ありがとう」を言う

ことに徹したのです。何かにつけて感謝しました。

そして，その人のよいところを見つけ，

> 褒める

ことも意識しました。よいところが見つからない場合，嘘でも褒めました。

相手に感謝し，褒めることで，私の脳が相手を受け入れているような錯覚を起こしますし，何より，人から感謝され，褒められて嫌な気持ちになる人なんていません。

前掲の『脳はどこまでコントロールできるか？』[3]でも，苦手な人をうまく誘導するために使える技の一つとして「ラベリング効果」を紹介しています。「ラベリングとは，その名のとおり，コミュニケーションのなかでさりげなく先手をとり，相手に望ましいレッテルを先に貼り付けてしまうこと。そうすることで，相手の行動を自分の思う方向へ誘導できるというのが，ラベリング効果です（『脳はどこまでコントロールできるか？』より）」

「誘導」とか「レッテル」と言うと，何か卑怯な感じがするかもしれませんが，合わない人とも「いい関係」を築くために活用することは，決して悪いことではないと思います。

もちろん，そんな人にも可愛がられるアホでいる努力も大切です。

4 初任者のためのサバイバルテクニック
～力を抜く時間を確保せよ～

　24年前に長男を出産しました。それまでマニュアル通りに生きてきた私は，マニュアル通りにいかない育児で大きな挫折感を味わっていたのです。そのとき，ある人の言葉が，私を救ってくれました。
　「毎日必死でしょ。子どもを可愛いと思う余裕なんてないよ」
　皆さんの中には，天使のような子どもをイメージして教職に就き，実際，子どもの悪魔の部分ばかりが目につき，そのギャップの原因が力のない自分にある……と，ご自身を責めている方はおられませんか。
　誰でも余裕のないときは，相手のよいところが目に入りにくいものです。そして，初任者に余裕などあるはずがありません。
　初めの年は，とにかく「力を抜く時間を確保する」ことを意識しましょう。放課後，気の合う同僚としゃべったり，お気に入りのスイーツを食べたり，休みの日に楽しい予定を入れたり。「そのときまでがんばろう！」と思える時間をつくるのです。授業も，いつも全力でなんてできません。力を抜く時間があっていいと思うのです。
　私は，初任者研修も，「クラスから離れることのできる時間」という意味で，力を抜く時間でした。もちろん学ぶべきことは学んでいましたが，他の学校の同期と会い，近況報告をしたり，愚痴を言い合ったり，他愛もないおしゃべりをしたり，「リラックスできる時間」だと意識して参加していました。
　可愛がられるアホになり，周りにうまく頼りながら，力を抜く時間を意識的に確保し，何とか乗り切っていってください。あなたを応援しています！

【参考・引用文献】
(1) 赤坂真二編著『思春期の子どもとつながる学級集団づくり』明治図書，2015
(2) 赤坂真二編著『保護者を味方にする教師の心得』明治図書，2017
(3) 中野信子『脳はどこまでコントロールできるか？』KKベストセラーズ，2014
(4) 小松易『仕事力が10倍アップ！教師のためのすごい片づけ術』学陽書房，2014

（永地　志乃）

中学校

自ら人とつながる努力が職員室での居場所をつくる

1 同僚と「いい関係」になるための心得

　よい学級を築いていくには担任の力が必要不可欠です。私も何とか学級の雰囲気を温かいものにしようと様々な取り組みを行ってきました。しかし，中学校では担任と生徒が共に活動する時間は非常に短く，授業がなければ，朝学活と給食と終学活にだけ学級の生徒と顔を合わせるという日もあります。

　担任の力は絶対必要ですが，それだけでは生徒の力を引き出し育てていくことは難しいのです。だからこそ，学校の職員がチームとなり，同じ目標を共有し，協働できる体制を築いていくことが重要になります。

　マサチューセッツ工科大学のダニエル・キム氏は，「ビジネスにおいては，「結果の質」が求められることが多く，その質を高めるために「行動の質」に着目されがちだが，質の高い行動を生み出すためには「思考の質」から変えていくことが大事である。そして，もう一つ「関係の質」というものがあり，これこそが「結果の質」の向上につながる「行動の質」や「思考の質」を含めた，グッドサイクルを回すために最重要な要素である」という考え方をしています（右図）。

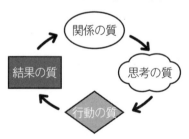

　この考え方に基づくと，よりよい学級や学校を築く（結果の質が高い）ためには，職員間の人間関係がよりよい状態（関係の質が高い）でなければならないということになります。

　自分一人で活動していても，よりよい結果は生み出せないということになります。だからこそ，同僚と「いい関係」を築き，同じ目標に向かって共に歩み

を進めていく必要があるわけです。

　では、「いい関係」になるにはどうしたらよいか。まずは自分の気持ちのもち方だと思います。

> 「仲間との関係性を築いていくことが，仕事には大変重要である」
> 「一人では仕事はできない」
> 「相手が苦しんでいたら助ける。自分が苦しかったら助けを求める」

　まず，この３つを自分のマインドとしてもてているかが大切だと思います。このマインドがあれば，自分自身がまず，必ず他者に関心をもてるはずです。そして，相手との関係性も温かく築いていこうとするはずです。

　仕事を抱えていたり，自分に余裕がなくなったりすると，どうしても周りが見えなくなってしまいがちです。自分しかできないという仕事もあるでしょう。しかし，そんな中でも関係性を大事にしようとする姿勢は，必ず周囲に伝わると思います。まずは自分の心持ちです。「職員集団が一つのチームである」という意識を強くもつことだと思います。

　人は十人十色です。先輩であろうと，後輩であろうと，考え方が同じ人はいません。自分と似た考え方の人に付き合いやすさを感じ，そうでない人に付き合いにくさを感じることもあります。また，その逆もあるでしょう。

　子どもならまだしも，大人になっている相手の考え方を変えるのは至難の業だと思います。そんな十人十色の人たちと関係性を築き，協働していくことは本当に大変だと思いますが，すべては生徒の成長のためだと思っています。生徒が学びやすく，一番成長できる環境を整えるためにも，私たち大人が社会人として，組織人としてしなければならないことだと思います。

　以下，それぞれの立場でうまくやるコツを書き連ねました。少しでも読者の先生方のご参考にでもなればと思います。

2 同僚とうまくやるコツ

(1) 上司編

教師になりたての頃，右も左もわからない私が何とかやってこられたのも，その当時の上司の先生に目をかけていただいたお陰だと思っています。仕事ではアドバイスをいただいたり，プライベートでも食事に誘っていただいたりしました。

「こいつの面倒見てやろうかな」と上司に思ってもらえるか。それには２つコツがあると思っています。

> **頼まれた仕事は原則 YES！そして，即実行に移すべし！**

どんな仕事であれ，上司から言われた仕事は原則「はい！わかりました！」だと思っています。自分の能力を考え，割り振られた仕事である以上，責任をもって行う必要があると思います。それが，上司の信頼を得ることにつながります。

締切期間にもよりますが，即実行に移すことが大切だと思います。「人に迷惑がかかる仕事から片付ける」が社会人の鉄則です。したがって，上司から頼まれた仕事はどんな内容であれ，即実行すべしです。

> **大変な仕事が割り振られたときこそ，認めてもらったと思うべし！**

教育現場は日に日に多忙感が増しているように感じられます。その中で，新しい仕事が割り振られる時間的制約は厳しいものがあります。特に中学校は部活動があり，夏場は19時頃からやっと自分の仕事に手がつけられる先生方も多いはずです。

そんな中，上司から新たな仕事が加えられたら，「えっ，無理です……」と言いたくなるかもしれません。しかし，上司も仕事ができないと思っている先生に仕事を割り振ることはありません。苦しいときこそ，モチベーションコン

トロールが必要です。

「自分には力があると信じてもらえているからこそ，仕事の依頼があった」と考えてみてください。「大変で嫌だ」と考えているよりも，モチベーションが上がりませんか？

ちょっとした心のもち方で，何事にもモチベーションを高めることが可能です。どうせ誰かがやらなきゃいけない仕事です。自分のモチベーションを高める発想転換をして前向きに取り組む姿は，上司の目に頼もしく映るはずです。

(2) 年上編

実務は上司とよりも，年上同僚と関わることが多くなるはずです。したがって，上司とうまくやるコツに加え，以下のコツが必要だと考えています。

> **勝手に一人で仕事を進めるべからず！**

「隣の学級よりも自分の学級をよくしたい」「生徒に〇〇先生の学級は楽しいと言ってもらいたい」そんな気持ちから，自分勝手に仕事を進めてしまうことはないでしょうか。自分のことばかり考えていると足並みをそろえられず，先輩との関係を壊してしまいます。

特に若いうちは，自分が実践したい取り組みがあったら，まず先輩にその取り組みの意図を話し，了承を得てから進めるのがいいと思います。たとえ生徒に効果的な取り組みだとしても，勝手な判断で仕事を進めたことで同僚との関係性が悪くなっては，その後の学年部や学校としての取り組みに支障が出てきます。

先輩と進め方を確認しながら，仕事を進めていくのがコツの一つだと思います。

(3) 年下編

　教職年数を重ねるごとに，若いと思っていた自分にも年下の同僚ができるようになってきます。今までは自分の仕事で精一杯だった領域から，後輩に気を配り，協働して仕事をしていくことが必要になります。
　私は以下の２つを意識しています。

> **相手に関心をもち続けるべし！**

　相手が自分に関心がないと感じたときの寂しさは，言葉では言い表せません。関心をもってもらえてこそ，相手との関係性が築けていきます。では相手に「関心をもたれている」と感じてもらうためには，何をしたらよいのか。
　特に重要なことは，質問することだと考えています。
　「昨日生徒と楽しそうに話していたけど，何を話していたの？」「学級の様子どう？」「教科指導うまくいってる？」など，時々質問を投げかけることで，相手は関心をもたれていると感じると思います。
　また，質問しようとする意識があれば，後輩の取り組みや動きに目がいき，見えない部分も見えてくるのではないかと思います。

> **課題とよさのバランスをとるべし！**

　仕事をする上では，課題を伝え，共に改善していこうとするコミュニケーションは必要になってきます。その際，課題ばかり伝えていては，相手のモチベーションは下がります。したがって，課題を伝えたければ，必ずよさを伝えてからにします。その上で，共に解決策を考えて取り組んでいこうとする姿勢が，後輩との関係性を築いていくと思います。
　相手のモチベーション管理ができると，関係性は築きやすくなるはずです。意欲をもって仕事に取り組めるように行動をしていくことが，後輩とうまくやっていくコツだと思っています。

(4) **同年代編**

　同年代の同僚がいると，周りから教科指導力や生徒指導力，学級経営力などを比べられ，人の目を気にしながら仕事をしてしまう先生もいるかもしれません。必要以上にライバル心をもってしまうこともあるかもしれません。そこで，私は以下の2つをうまくやるコツだと感じています。

> 協力して仕事をする！Win-Winの関係を築くべし！

　私は，自分の学級経営をうまく進めるためには同僚の力が必要不可欠であると考えていました。そこで，自分の学級のよさを発見したら，自分が学級で伝えるのではなく，次の授業の担当の同僚にこう言ってもらいます。

> 「〇〇先生がすごく喜んで教務室に戻ってきたぞ！『〇組はすごい！』って私に自慢してきたよ。みんな何やったの？」

　私が直接，称賛するよりも，他の先生からこのように生徒に伝えてもらったほうが効果は高まります。そして，そのよさが明らかになったら同僚からも

> 「それはすごい！〇〇先生が喜ぶはずだよ！」

と重ねて称賛してもらいます。この一連の活動は，自分にとっても同僚にとっても悪いことはありません。まさにWin-Winの関係を築けるのではないかと思います。

　同期だからこそ，このような仕掛けを仲間と組み，互いに助け合いながら，仕事をこなしていくことができるはずです。

> 弱音は自分からこぼすべし！愚痴はあっても，悪口は不必要！

　仕事上，うまくいかないことも多々あります。そこで，私は自分から弱音をこぼすようにしていました。すると，仲間も同じようなことに悩みを感じていたり，克服したアドバイスをくれるときもあったりしました。

　弱音は吐くべきではないという人もいるかもしれません。しかし，自分の弱

さやつらさを自分の言葉で感情を込めて話すことは自己開示であり，他者からの信頼を得ることにつながると思います。仲間からの信頼を得るためにも，自分の気持ちを素直に表現できるようにすることが必要だと考えます。

その際注意すべき点は，愚痴であって悪口ではないということです。愚痴とは，「自分の境遇や環境について不平不満を口にすること」であり，悪口とは，「自分以外の人間を悪く言うこと」です。

人を悪く言うことは必ず回り回って自分自身を傷つけることにつながります。共通の敵をつくると関係は深まるとも言われていますが，そのような関係性がよい仕事仲間とは言えません。

3 合わない人とうまくやるコツ

「合わない理由」は様々あると思いますが，私は「相手に価値を押しつけてくる人」だと感じています。「生徒指導，学習指導はこうあるべき」「あなたの考えよりもこの考えにしたほうがよい」など，こちらの意図も聞かずに頭ごなしに進むべき方向を決定されてしまうと，「この人，苦手だなぁ」と感じてしまいます。そのような人とうまくやるコツは2つです。

> その人の「ありのまま」を受け入れるべし！

相手を苦手と感じているのは自分の気持ちです。気持ちのもちようで，いくらでも関係性は変えることができると思っています。

私はまず，その人自身を受け入れるようにしています。「こういう考えの人も世の中にはいるんだ」と大らかに捉えるとともに，その考えの中から，自分にとって学べる材料を取捨選択するくらいのつもりでいるのがいいと思います。相手のありのままを受け入れる気持ちを，自分でつくります。

> 説得しようと思うべからず！あくまでメリットを伝えるべし！

人の考えを変えさせるのは至難の業です。説得しようとすればするほど，人

は頑なになっていきます。「相手に自分の考えを受け入れてもらえるとは思わない」でいたほうが賢明です。

しかし，相手と話し合い，１つの結論を出さなければならない状況も多々あるのではないかと思います。それが次です。

> 自分の考えを通したい場合，相手の言うことをいくつか受け入れるべし！

合意形成を図る場合は，相手の考えを受け入れながら，自分の要求を通していくことが必要になってきます。自分のプランのうち，ここだけは通したいという内容があれば，それ以外の大半は相手の考えを尊重し受け入れるという交渉力が重要です。

4 初任者のためのサバイバルテクニック

初任の頃，どんなに学習指導に不安を感じようが，生徒指導で大変なことがあろうが，同じ職場の先生の力に大いに助けられました。本当に親身になって話を聞いてくださる姿に感謝しました。

初任者の先生方も様々な悩みがあり，この先やっていけるのか……と不安を感じている方もおられると思います。しかし，決して一人で解決しようとせずに，同期の仲間，先輩にその不安をオープンにしていくことが必要だと思います。

サバイバルと言うと「一人で生き抜く」ように感じますが，大切なのは仲間にSOSを発信する力です。「周りを信じて助けを求める」「周りを意識して助けが必要な人に寄り添う」この姿勢があれば，必ず助けてくれる方が職場にはいるはずです。

サバイバルのコツは，『人に頼っていいんだ』と思えることなのではないでしょうか。

（吉田　聡）

12 「いい関係」とは「信頼関係」

1 同僚と「いい関係」になるための心得

(1) 大好きなたんにんの先生

> 私は，たんにんの先生が大好きです。初めて会った時，先生はやさしく笑ってくれました。私は，そんな先生の笑顔が一番好きです。授業で分からないことがあると，先生はやさしく教えてくれます。先生は，時々おもしろいことを言います。とっても笑えます。先生のおかげで，私は学校がとても楽しいです。また笑顔で通うことができます。これからも，先生や友達と毎日笑顔ですごせるようにしたいと思います。

これは，ある小学生の作文です。題名は「大好き」です。この作文の筆者が，担任の先生のことが大好きで，学校に楽しく通っている様子がストレートに伝わってきます。

同時に，担任の先生の素敵な人柄も文章から想像できます。笑顔で，優しくて，ユーモアがあって，きっと教師として魅力のある方なのでしょう。

この作文を読んだとき，私はとても温かい気持ちになりました。それと同時に，初任者の頃の自分の姿を思い出し，考えていました。

当時，私は精神的に余裕のない日々を過ごしていました。経験もなければ実力も足りない，よって授業はうまくいかない，学級経営や部活動経営もどうすればよいのかよくわからない。考え込み，悩むこともありました。今になって思い返せば，周りを思いやる心の余裕もなく，独りよがりな教師だったと思います。生徒たちにとっても，笑顔も少なく，おもしろみに欠ける教師として映っていたかもしれません。

作文からもわかるように，子どもたちは教師の態度をよく見ています。教師の言葉にも敏感です。教師は笑顔や優しい言動で子どもたちを勇気づけることができます。しかし，すべて逆もあります。私たち教師の言動は，子どもたちに多大な影響を与えています。

(2) 生徒は花，職員は土

　初任を経た後に勤務した中学校には「生徒は花，職員は土」という職員の合言葉がありました。「生徒のためになるかどうかを判断基準にし，一人ひとりの生徒を全職員で育てる」このような理念が込められた言葉です。

　この理念を土台に，生徒情報の共有化や共通実践の試みなど，職員が協働して教育活動に取り組む雰囲気がありました。例えば，職員会議や学年部会などにおいて，生徒情報が職員間で共有される一方，職員室での会話などでも，生徒について話されることが多くありました。また，放課後や休憩時間などに，授業などの実践について情報交換することも頻繁でした。生徒理解を深めたり，授業をよりよくしたりするために様々な意見を交わすのです。生徒を花，職員を土に例えたとき，これはまさに花を咲かせるための"豊かな土壌"づくりをしていることに他なりません。

　このような協力関係のベースには，職員間の信頼関係があります。これがないと協力関係は成立しづらいと考えるからです。"職員間の信頼関係"は"豊かな土壌"に含まれる水分のようなもの，潤いのようなものです。

　しかし，集団における人間関係は，意識しないと惰性に向かい，よくない雰囲気を形成する力が働くようになると言われています。つまり，集団の中で信頼関係を保つためには，一人ひとりの意識的な努力が必要だということです。"豊かな土壌"は放っておくと乾いてしまいます。

　さて，先述の作文から大切なことに気づきます。教師としての在り方，そして担任と子どもとの信頼関係です。そこには温かな心のふれ合いを通した信頼関係があります。同僚との信頼関係づくりにおいても，行動や言葉を通して，お互いを敬い思いやる気持ちを伝えていく努力が必要だと思うのです。

2 同僚と「いい関係」になるコツ

(1) 年上（上司）と「いい関係」になるコツ
☆　トイレの鏡を磨く教師
　「時を守り，場を清め，礼を正す」という言葉を知っていますか。教育者の森信三氏が提唱した職場再建の3原則です。この言葉は，先述した中学校でも，教師の率先垂範の大切さを共通認識するために使われていました。
　これを実践していたある同僚の例を紹介したいと思います。彼は20代半ばで，他県の中学校で3年間の勤務を経て，故郷新潟の教員として戻ってきました。彼は，朝誰よりも早く出勤し，教務室のごみ箱に残された中身を回収することから仕事がスタート。ときには，朝から自主的に廊下の床にモップがけをしたり，トイレの手洗い場に上がり鏡面を磨いたりしていることもありました。出勤してくる先生方にもいつもさわやかな挨拶をします。
　ある日の朝，私は尊敬の意を込めて彼に言いました。
　「いつもありがとうございます。勤務時間前からトイレの鏡面を熱心に磨いている人は見たことがありません。先生はいろいろ，気がつきますね」
　すると少し照れた様子で彼はこう言いました。
　「今日は公開授業があります。ボス（管理職や上司）に恥をかかすわけにはいかないので」その日は外部からお客様が多く来校する予定でした。彼は職員トイレを自主的に掃除し，手洗い台を上から下までピカピカにすることで，お客様への配慮だけでなく，学校のイメージアップも考えていたのです。
　彼は，律儀で実直な性格から信頼の置ける人物でした。こんな彼ですから，もちろん管理職や周りの職員からも愛されていました。仕事においても徐々に周りから頼られる存在になっていったのは言うまでもありません。
　上司から信頼を得るには，その上司を大切にすることが必要でしょう。少し言い方を変えると〝上司が大切にしていることを大切にする〟ということでしょうか。上司になるであろう主任層や管理職は，学校全体のことを考えて業務

を行っています。学校全体のことは上司にとって大切なことなのです。
　まずはわかりやすいところで，学校を大切にする気持ちを上司に伝えるのがいいのではないでしょうか。「時を守り，場を清め，礼を正す」すぐに実践してはいかがですか。

(2) 年下（初任者）と「いい関係」になるコツ
① 「育てる」ための信頼関係
　「これから若い教員がどんどん増えていく。若い教員を育てていかなければならない」これは，以前勤務した教頭先生がよく口にしていた言葉です。
　団塊の世代の多くが定年退職を迎え，日本は大量退職期に入っています。そのような中，これから採用される教師の力量育成が急務だと言われています。やはり，若い教師や初任者と仕事をするときに「育てる」という視点は欠かすことはできないでしょう。
　若い教師との関係，特に初任者との関係は，教師と生徒の関係と少し似ているところがあるのかもしれません。そう考えたとき，初任者を「育てる」という目的を十分に達成するためには相互の信頼が必要でしょう。

② 声をかけ，話を聞き，共感する教師
　では，若い教員と信頼関係をどのようにつくっていくのか。ここではある先輩教師の例を紹介したいと思います。
　その先輩教師は30代半ば，学級担任をしていました。その先輩教師と同じ学年部には，初めての担任をする2年目の後輩がいました。その後輩は初めての学級担任ということもあり，学級経営や生徒指導で思うようにいかず悩みを抱え，元気がありませんでした。先輩教師がそんな後輩を気にかけ，相談事を親身になって聞いているところを私は何度か見かけていました。
　ある日，その後輩のデスクの上には，箱に入った色とりどりの鉱石が置いてありました。後輩は，先輩教師にそれらの鉱石について説明しているのです。そのときの後輩の生き生きとした表情は，普段あまり学校では見せないものでした。

その先輩教師に話を聞くと，このようにおっしゃっていました。
「○○くんは大学で地学を専攻していて，鉱石を研究していたんだよ。時々，山に石採りにも出かけているみたいだよ。この前も一緒に石の話で盛り上がっていたんだよ」
　先輩教師は，その後輩が好きなことをよく知っているわけです。何気ない会話の中で，後輩の趣味の話を引き出していたのです。そこには後輩がプライベートな話題を安心して話すことのできる信頼関係がありました。これも先輩教師が日頃から後輩に声をかけ，話を聞き，共感する態度がもたらしたものだと考えます。その後，その後輩は，その先輩教師の実践を自分の学級経営に取り入れ，成果を上げていきました。
　若い教師，特に初任者の中には，夢と現実のギャップに苦しみ，仕事へのやりがいを見失っている教師もいます。そんな若い教師には，年上の教師から積極的に話しかけ，相談されたら傾聴に徹する。そして，仕事のことだけではなく息を抜けるような話ができる場をつくることも，大切にしたいポイントです。

(3) 同年代（同期）と「いい関係」になるコツ
① 教えない教師
　私が大学を卒業した平成11年，新潟県の公立学校教員採用人数は例年に比べ減少しました。平成10年と平成12年についても採用数は少なかったように思います。学校現場で私の同年代と言えば，この年の前後に採用された教員ということになるでしょうか。
　実際，同年代の教師と出会うことがほとんどありません。これまで片手で数えるくらいしか一緒に勤務した経験がありません。本当に少ないのです。
　しかし，このように希な同年代の存在にもかかわらず，私はどうも同年代の教員とうまくやった感をもっていないのです。
　それは私の未熟さからくるものでした。私は同世代の同僚をライバル視してしまう傾向にありました。いい意味でのライバルならよいのですが，私の場合は競争相手としての意味です。自分と比較する，知り得たことを教えない，自

分のことしかしないといった教師でした。自ら実証したように，このような教師の成長は限られるでしょう。

② 優しい教師

心優しい同期の教師がいました。彼とは教育実習の学校が同じで，お互いをよく知る仲でした。私が転勤した中学校には，数年前から勤務していました。彼はしばらく病気休業をとっていた期間があり，私がその学校に転勤してからも学校を休みがちでした。

そんな彼が私によくかけてくれた言葉が「無理しちゃだめだよ」「ありがとう」「だいじょうぶ？」でした。転勤したばかりで新しい環境に慣れない私をホッとさせてくれる言葉でした。自分のことだけでも精一杯のはずの彼が，私を気にかけてくれていたのです。

１年後の離任式，彼は全校生徒の前で涙ながらにこう言いました。

「私は病気で学校を休んでいたときがありました。とてもつらかった。でも，○○中学校の先生方に支えられたおかげでこれまでやってくることができました。感謝しています。皆さんもお互いに支え合える仲間を得てください」

気持ちを込めた熱いスピーチだったことを今でも覚えています。

しかし，それまで支えられていたのは私のほうでした。私は彼の優しさから支え合うことの尊さを教えてもらいました。

同年代の同僚の存在は貴重です。生涯を通して付き合いを続けていく場合もあるでしょう。そのような同年代の同僚は，お互いのがんばりを認め支え合う存在であるべきだと思います。温かな人間関係をベースにして，お互いの成長を願いたいものです。

3　合わない人とはこう付き合う

基本的に，自分と合わない人とは無理に付き合う必要はないと考えています。無理をすると自分の心が不安定になって，周りの人に迷惑をかけてしまうことがあるからです。しかし，そんなにきっぱり割り切れないのが人間の付き合い

というものです。そこで、次のお話を紹介したいと思います。

> 2人の娘をもつ母親がいた。娘はそれぞれ傘屋と下駄屋に嫁いでいった。さて、母親は雨が降ると下駄が売れないと言って心配し、晴れれば傘が売れないと言って心配し、心休まることがなかった。ある人が見かねて、母親にこう言ったものである。「お母さん、晴れたら下駄が売れると喜び、雨が降ったら傘が売れると喜んだらどうでしょうか」
>
> （斎藤茂太『どんな時にも一人生を「前向き」に生きるコツ』大和書房，2004）

物事には大抵，表と裏があって，悪いことの裏にはよいことがあるということを言っているお話です。

人と人との関係にも同じようなことがあるように思えます。職員との人間関係でも，なぜあの人はあのような考え方をするのかと嫌な気持ちになったり，言われたことが原因で傷ついたりするときもあるでしょう。

そんなときは少し時間を置いて，相手の言葉や考えを思い返しプラスの点を見つけ，そこに視点をフォーカスすることができるといいのではないでしょうか。「自分を成長させるために言ってくれた」とか「そのような考え方もある」というようにです。

もし，周りに自分と性格も指導方法も似た教師ばかりだったらどうでしょう。生徒たちはどうなっていくでしょうか。様々な性格や考え方をもつ人がいるのが集団や組織です。これは，集団や組織にとって強みだと考えます。特に，学校にとっては強みなのです。様々な生徒を相手にしているのが学校だからです。

生徒たちにとって，学校に様々な先生がいることのメリットは大きいでしょう。私もこれまで多くの先生に何度も助けられた経験があります。きっと，自分では気がつかないところでフォローされていたこともあるでしょう。

自分と合わない人がいることを悲観的に見るばかりか。その人のおかげで救われたり，成長したりする生徒や教師がいることに気がつくか。読者の皆さんは，教師としてどちらを選びますか。

4 初任者のための職員室のサバイバルテクニック

　最後に，職員室で何とか1年を乗り切るために心がけたいことを3つお伝えしたいと思います。1つ目は，「一生懸命」ということです。例えば，4月の初めに担当する分掌が伝えられます。思ってもみなかった担当や部活動の顧問などを任されることがよくあります。不満に思うこともあるかもしれません。しかし，未経験の分掌を経験することで，今まで見えなかったものが見えてくることもあります。与えられた分掌で最善を尽くすことを忘れないでください。そのがんばりを同僚は見ています。

　2つ目は，「ホウ・レン・ソウ」をすることです。何でもすぐに上司に報告すること，連絡すること，一人で悩まず相談することです。相談が長くなりそうなときは，プリントなどに簡単にまとめましょう。自分だけで悩めば自分の責任です。しかし，上司に相談すれば上司にも責任が分担されるからです。

　3つ目は，帰宅の際，学年主任や学年部の職員に一言声をかけることです。帰宅の際，職員室を去るときの「お疲れ様でした。お先に失礼します」これはほとんどの人が言うセリフです。さらに大切にしたいことがあります。自分に時間の余裕がある場合「何かできることありますか」と学年主任や学年部の同僚に声をかける。また，すぐに帰宅するときは「すみません。今日はお先に失礼します」などと一言声をかけることです。そのような心遣いで，同僚たちは，あなたが周りを考えられる人だという印象をもつからです。

　「一生懸命で愛される初任者」を目指してください。慣れない職場，数々の研修，新しい人間関係と，考えることやることだらけです。しかし，すべてを完璧にやろうとは思わないでください。あくまでも持論ですが，弱点をもつ人は愛されるからです。「○○先生，もう少しこうなるといいよね。でも，すごくがんばってる」くらいがよいのかもしれませんよ。

（曽根原　至）

13 若手教師の視点から
～先輩と大先輩に囲まれて～

　タイトルにもある通り，私は20代半ばの"リアル若手教師"です。教員としても社会人としても駆け出しで，日々修業中の身です。読者の皆さんの中には，きっと同世代の方が多いのではないかと思います。"若手あるある"の視点でお読みいただければ幸いです。先輩の知恵は，他の執筆者の方々のページから存分に盗みましょう。私もそうします。

1 同僚と「いい関係」になるための心得

その1　「しがらみ」ではなく「つながり」と見る

　教師の仕事に限らず，「働くこと」と「人と関わること」は切って離すことができません。1つの仕事をするにも，何人もの人と関わることが必要です。

　人との関わりはときに悩みの種となり，気がつけば本来の仕事に関する悩み以上に膨れ上がることもあります。アドラー心理学関連の書籍でよく目にする"人間の悩みは，すべて対人関係の悩みである"という言葉には，いつも励まされます。

　しかし，人との関わりの中では，悩むこと以上に，助けられたり，癒されたり，刺激をもらったりすることのほうが多いと思っています。私は，これまでの人生で何度も周囲の温かな手に救われてきました。

　同じ「人との関わり」でも，自分の捉え方次第で見え方は大きく違ってきます。マイナスで捉えれば，それはたちまち「しがらみ」になる。足枷になる邪魔なもの，何をするにもついて回る厄介なもの。一層断ち切ってしまえればどんなに楽か，そんな気持ちにすらなるかもしれません。

　一方，プラスで捉えると，それは「つながり」になる。自分を助けてくれるもの，見守ってくれるもの，何をするにも支えてくれる温かいもの。

> 「しがらみ」 or 「つながり」

　同じ平仮名4字でも，大違いですよね。「そんなの綺麗事だ」と言われてしまえばそこまでなのですが，自分の意識をどちらに置くかは自分で決めることができます。対人関係にモヤッとして，投げ出したい気持ちになったときは，「つながり，つながり」と自分に言い聞かせるようにしています。

その2　生徒のよきお手本であろう

　生徒たちは，私たち教師のことを本当によく見ています。「A先生とB先生って仲悪いよね」「C先生には先生たちも文句言えないんでしょ」と，こちらがヒヤッとするようなことを平気で言ってくることもありました。

　初任者の頃，生徒の前での先輩教師との接し方に，難しさを感じることがありました。他の先生から助言や訂正を受けている自分が，生徒の目に頼りなく映るように思ったからです。当時，生徒の前で助言してくださった先生に対して「ありがとうございます」と言う私の顔は，きっと不自然に引きつっていただろうと思います（笑）。そんな姿から，生徒は何を感じていたことでしょう。私の変なプライドなど見え見えだったでしょうし，目上の人に対する悪い態度の見本になってしまっていただろうなと思います。

　生徒の前でこそ，後輩としてのよい振る舞いをより意識すべきだったと，今なら思います。助言を素直に受け止め，「ありがとうございます！」とさわやかにお礼を言う。その姿を見た生徒は，きっと「頼りない」なんて思わないはずです。

　教師の姿から，人との付き合い方を学ぶ生徒も少なくありません。対人関係で"生徒のよきお手本であろう"と意識することで，感情に飲み込まれずに，自分の振る舞いを客観視できるようになりました。そして，そのことが同僚とのいい関係づくりにつながっていると思います。

2 同僚と「いい関係」になるコツ

(1) 上司 ～管理職は見た！～

　初任者の頃，私にとって管理職はどこか遠い存在でした。日頃，直接コンタクトをとる機会が少なく，相談相手はいつも学年や教科の先生方だったため，声をかけられるといつも緊張していました。

　また，先輩教師が管理職と意見をぶつからせている姿や，対応に不満をもっている姿を見ているうちに，気持ちのどこかで"管理職"という存在に苦手意識をもってしまっていたように思います。今思い返すと，「子どもか！」とツッコミたくなりますが。

　これまで何人かの管理職の方々にお世話になりましたが，全員に共通して言えるのが

> "管理職の先生は見てくれている"

ということです。

　飲み会の席で校長先生から，「異動した教頭先生から，黒田先生のこと頼まれたんだよ。がんばる子だから，大事に育ててくださいって」と言われたことがありました。前任の教頭先生は，日付が変わるまで仕事に追われる私ともう一人の初任者を，いつも遅くまで見守ってくれた方でした。

　行事の度にカメラを構え，写真を撮ってくださる校長先生もいました。準備に追われてヨロヨロの状態で戻った職員室の机上に，プロ並みの腕で撮られた生徒の写真が置いてあり，癒されたものです。中には自分が写っているものもあり，生徒と共に汗を流す自分の姿を見るのは，照れくさくも嬉しいものでした。

　管理職にもいろんなタイプの先生がいます。アプローチの仕方は様々で，一見不愛想だったり，こちらの仕事に関心がないのでは？と思ったりすることもあるかもしれません。でも，見ています。見てくださっています。その視線に気がつくことが，管理職の先生との関係づくりの第一歩だと思います。

(2) 年上～さり気ない「大人のマナー」を真似る！～

　教師として働きだす前，中学から大学まで体育会系の部活動で鍛えられたことや，アルバイトで接客業の経験をしていたことから，自分の礼儀やマナーにはそれなりの自信をもっていました。ハキハキとした挨拶，目上の人に対する言葉づかい，お酒の席での振る舞いなど……。

　しかし，これらは社会人として求められるマナーのごく一部に過ぎず，もっと細やかでさり気ない「大人のマナー」があるということを，初任校の先輩教師の姿から学びました。名刺の受け渡しなどのビジネスマナーとも少し違う「大人のマナー」が，先輩教師との関係を築いていく上でとても大切だと私は思っています。例として，私が先輩教師から学んだマナーをいくつか挙げます。

---

① お礼は"翌日にもう一度"～「昨日はありがとうございました」
② 話しかけるときは"必ず確認"～「今，お時間よろしいですか？」
③ お願い・質問は"定時以内"～先生方それぞれにリズムがある
④ 休むときは"お互い様"～自習・助っ人は快く引き受ける
⑤ 大人こそ"本気でふざける"～笑いが仕事の潤滑油になる

　また，職場にはその職場ならではの風習というものがあると思います。気にしない先生もいますが，私はできるだけ取り入れるようにしています。初任者の頃こそ，様子をうかがって陰ながら学んでいましたが，慣れてからは「○○のときって，どうすればよいものですか？」と聞いていました。非常識かしら……と不安に思いながらも聞けるのは，若さの特権です。

　毎日の何気ない1コマにも，先輩教師たちは「大人のマナー」を駆使していると思います。「この先生は周囲との関係づくりが上手だな」「あの先生の周りはいつも明るいな」という先輩がいたら，ぜひ観察してみてください。きっと学ぶべき「大人のマナー」が見つかるはずです。

(3) 年下〜ファーストおせっかいを恐れない！〜

　私の職場は年齢層が高く，先輩が多い環境だったのですが，年下の後輩ができたことが一度だけありました。校外では，部活動の関係などで年下の方と一緒に仕事をすることもありました。

　そのときに意識していたのは，

> "ファーストおせっかいを恐れない！"

ということです。

　年が近い分，つまずきそうなところや，人に聞きにくくて困りそうなところはある程度察しがつきます。何しろ，ついこの間自分が通ってきた道ですので。迷うのは，実際に行動に移すかどうかです。

　「余計なお世話かな」「私がアドバイスなんて偉そうかな」「もう誰かから聞いているかもしれない」「間違ったこと言ったら悪いし」……こんな言葉がよぎり，「まあ，いいか」と行動に移さなかったこともよくありました。

　しかし，私の場合は結果として「やっぱり言っておけばよかった」と思うことが多くありました。特に時間や服装に関して"暗黙の了解"になっているようなことは，「伝えるべきだった」と後悔することがしばしばありました。

　肝心なのは"ファーストおせっかい"だと思います。今では，一緒に働くことになったなるべく早い段階に，言葉を選んで気がついたことを伝えるようにしています（「明日の飲み会は少しカチッとした服装が安心かもしれません」のように）。

　そうすることで，「この先輩は聞いても大丈夫な人だ！」と思ってもらえれば大成功。それ以降は，困ったときに相手のほうから聞いてくれるようになると思います。そこまで気を遣わなくても……と言われそうですが，私は初任者のときに「聞きやすい先輩」の存在に本当に救われました。ですから，自分がそういう存在でありたいと思い，"ファーストおせっかい"を心がけています。

(4) 同世代

　ときに励まし合い，学び合い，語り合える同世代の仲間。そんな存在がそばにいてくれると，とても心強いですよね。初任者研修で出会う同期の仲間も大切な存在ですが，毎日顔を合わせる同僚の中にいる同世代の仲間は，とても貴重な存在だと思います。同世代の仲間とよい関係を築くために一番意識していたのは，

> **"競わない"**

ことです。学級の状態や授業の質，会議での発言や事務処理の速さ。自分に自信がないときほど，周りの様子が気になるように思います。先輩にかなわないのは仕方がないにしても，同世代の先生には負けたくない！という気持ちがエネルギーになるという人もいるかもしれません。

　先にも書きましたが，私は体育会系の人間なので，根っからの負けず嫌いです。部活動や受験など，「負けたくない！」という気持ちがあったからこそやり抜くことができたと思う場面がたくさんあります。思い返せばそんなときは，よきライバルの存在が近くにあったものです。

　しかし，今はたとえ同世代であろうと"競わない"ことを意識しています。なぜなら，仕事には安定感が重要であると感じているためです。

　少し年上の先輩に，いつも安定感のある先輩がいました。トラブルがあっても慌てない（本人に聞くと「慌ててたよ！」と言うのですが），大きな仕事を成功させても大騒ぎしない。そして何より，"人と競わない"方でした。個人的に話してみると，教職への情熱をもった，とても熱心な先生であることが伝わってきます。けれど，それを前面に出して周囲と競うことを決してしない先輩でした。

　そんな先輩の姿を見ながら働くうちに，**"勝負からの刺激"**より大切なものがあると感じるようになり，ライバルになりやすい同世代とは特に，"競わない"ことを意識して付き合うようになりました。

3 合わない人とはこう付き合う

　誰にでも合う，合わないはあると思います。学生の頃までと違うのは「合わないのなら関わらなければいい」というわけにはいかないということです。自分なりに，合わない人と付き合う術をもつことが必要です。
　合わない人と付き合うために，私が身につけた術はこの２つです。

① 「仲よくしよう」と意気込まない
② いいところが見える距離で付き合う

　あるとき，「合わない」ことにストレスを感じている自分の気持ちを掘り返していくと，「仲良くしたいのに」という前提があることに気がつきました。仲よくしたいのに合わない，だからイライラする。
　だったら前提をなくせばいいのだと考えました。必要以上に「仲よくしよう」と思うことをやめる。「なんか合わないんだよなぁ」でいい，と割り切る。これが①です。
　しかし，このままでは仕事がしにくいですよね。ですので，②に進みます。"相手のいいところを見つけて，それが見える距離で付き合う"です。これは，友人関係に悩む生徒にもよく伝えていました。
　どんなに合わない相手にも，必ずいいところがあります。今，ご自分が担任をされている学級の生徒全員のいいところを，きっと見つけていますよね？相手が教師だって，同じことだと思うのです。「なんか合わないんだよなぁ」と感じたとき，完全に心のシャッターを閉めてしまうのではなく，１つでいいので相手のいいところを見つけるようにしています。
　それが見つかれば，あとは簡単です。その「いいところが見える距離」で付き合います。いいところが見えなくなっているときは，近づきすぎているか，遠ざかりすぎているサインだと思うようにしています。この２つの術を用いて，合わない人とのベストな付き合い方を見つけるようにしています。

4 初任者のための職員室サバイバルテクニック

(1) 自分の成功の裏の部分を意識する

　ある程度仕事に慣れてくると，行事や特別活動で企画や運営などの仕事を任されることも出てくると思います。また，初任者には研究授業などの担当が回ってくることも多いのではないでしょうか。初めての仕事に戸惑いながらも，試行錯誤を重ね何とか成功させたときの喜びはとても大きなものですよね。

　そんなときこそ，自分の成功の「裏の部分」に思いを巡らせたいものです。直接相談に乗ってくださったり，指導してくださったりした先生はもちろん，思いがけないところで沢山の先生方が支えてくださっているものです。「こんなふうにあなたを支えていたよ！」なんて，自ら言ってくる人はいないでしょう。喜びや達成感に浸る前に周囲を見渡し，サポートしてくださった方々にしっかりと感謝の気持ちを伝えて回りたいものです。

(2) "ただの自分"に戻る時間

　"教師"としてつながった人との関係と，"ただの自分"として付き合ってきた人との関係は，やはりどこか違うものだと思います。もちろん，教師としてのつながりも素晴らしく，一生付き合っていきたいと思える先生方との出会いもあります。どちらがよい悪いではなく，イコールではないということです。

　だからこそ私は，"ただの自分"に戻り，学生時代のように笑い転げる時間を大切にしています。仕事柄，どこに行っても気を遣う部分はありますが，遠出をしたり自宅を使ったりと工夫しています。

　教員人生はまだ始まったばかり。先は長いです。職場でしんどくなったときは，ちょっと昔の空気を吸ってリフレッシュしませんか？そうすることで，明日の職員室に，きっとまた笑顔で出勤できるはずです。

　チーム若手の皆さん，共にがんばりましょう！仲間は全国に！

（黒田　麻友美）

中学校 14

同僚からの信頼を得る!!

1 同僚と「いい関係」になるための心得

　教職に就いて11年。多くの先生方と関わってきた中でわかったことは，「素直で謙虚になれば同僚といい関係ができるようになり，同僚といい関係ができればいい仕事ができるようになる！」ということです。こういった好循環ができるまでには，多くの先生方との素晴らしい出会いや関わりがありました。そうした人との関わりの中で，まず大事なことは，相手からの信頼を得ることだと気づきました。人間的に尊敬や信頼ができたり，一緒の空間にいて居心地がよいと感じたりする人の周りには，多くの人が集まっていますし，自分もそうありたいと常々思っています。そうなるために，私が職場人として，常に気をつけていることは，次の2つです。

　　○プライオリティー（優先順位）を考え仕事をする。
　　○謙虚に，素直に仕事に臨む。

　上記のことを心がけ，真摯に仕事をしていくことで，同僚からの信頼を得て，いい関係ができてくると思っています。以下に，もう少し詳しく書かせていただきます。

(1) **プライオリティーを考え仕事を！**

　教師の仕事は，授業や学級事務だけでなく，学校行事や校務分掌，部活動など様々なものが複雑に絡み合っています。この多種多量の仕事のどこから手をつけていけばよいかを考えたとき，あなたなら何を優先しますか？どれも大事な仕事であるということはわかっていますし，1つの仕事を終えてから次の仕事をしていくというわけではなく，同時進行で行うということもわかります。

ですから,「これだ!」と意識をされることはあまりないかもしれません。ただ,私は
  ① 学校全体に関わる仕事(学校行事,校務分掌,起案など)
  ② 他の人が関わっている仕事(校務分掌,学年の分担仕事など)
  ③ 自分の仕事(授業研究,学級事務作業など)
の順で仕事をすることを常に心がけています。

　若い頃は,自分の学級の仕事で手一杯で,どうしても①や②の仕事が後回しになっており,その仕事に関わる先生方に迷惑をかけていたこともありました。早ければよいというわけではありませんが,同じクオリティーの仕事をするなら,早いに越したことはありません。早く仕上げれば,その仕事を受け取る同僚にも時間的余裕が生まれますし,さらによいものにするための指導をいただく時間もできるかもしれません。完璧な仕事をしなければいけないと言っているのではなく(もちろんそれがベストですが……),相手のことを考えた仕事のやり方を身につけることが大切ということです。

(2) 謙虚に,素直に!

　どんなに仕事ができる人でも,相手が誰であっても謙虚で素直な気持ちでいることが大切です。ある程度できるからといって,自分がいなきゃダメだと思うような横柄な態度や調子に乗った態度でいると,人は離れていきます。逆に,仕事が思うような結果にならなくても,謙虚で素直な人には好感がもてますし,助けたくなります。謙虚に素直に仕事に臨めば,気負うことなく仕事ができ,周りの状況もよく見えます。そうすれば,仕事もうまく回るようになり,好循環が生まれるはず。もし,うまく仕事が回らなくても,そういう人には同僚がいろいろなアドバイスをしてくれます。このように偉そうに書いている私自身,仕事に慣れてきてしまうとついつい調子に乗った言い方をしてしまうことがあります。だから,たまに自分の行動を振り返ってはブレーキをかけるようにしています。

2 同僚と「いい関係」になるコツ

(1) 上司編　『上司の信頼を得るには』

　「いい関係」になるコツを年代＆役職別に分けるのは正直難しいです。前述の心得の通り，基本的な考え方はどの年代に対しても同じだからです。ただ，先に述べたような基本的な考え方をベースに，細かないい関係づくりのエピソードを紹介します。

　上司との関係づくりにおいては，仕事面で結果を出し，認めてもらうのが一番よいと思っています。社会人になりいろいろな場面で耳にするのは『返事は，「イエス」か「ハイ」か「喜んで♪」しかないんだよ（笑）』のようなフレーズです。パワハラと捉えられかねないこの言葉，（あくまで仕事上の話ですが……）実践してみると，これが結構上司にはウケがいいんです。若い頃は，「そんな仕事，自分にはできないのではないか……」と悩んですぐに返事ができないこともありました。しかし，結局仕事は回ってくるんです。だったら最初から快諾して，「力不足はあるかもしれませんが，全力でやらせていただきます！」と言ったほうが，相手の印象はよいはずです。そもそも仕事を頼むということは，その時点で上司がある程度できると信頼を置いてくれている証拠です。せっかくの信頼をやる前からなくすというのはもったいないです。そして，たとえうまくいかなくても，快諾している相手であれば，上司だって色々サポートしてくれたり，メンタル面で支えてくれたりするので，信頼を得るチャンスだと思って積極的にチャレンジするようにしています。

●ちょっと独り言

「頼まれごとは試されごと」

・どうせやるなら嫌々ではなく，相手（頼んだ人）の予想以上にしっかりやって驚かせたい。

・人からものを頼まれない人にはなりたくない。人から頼まれて喜んでもらえたら嬉しい。

(2) 年下編 『年下の信頼を得るには』
　年下の同僚については，立場上接しやすかったりいろいろものが言いやすかったりします。そこで，同僚の行動や教育実践の小さな変化に気づいて伝えるよう心がけています。それは，同僚の生徒との接し方であったり，学級の掲示物のやり方であったり，授業のイロハであったり，学級独自のシステムであったりと様々ですが，職場において同僚が関わっていることに対して，「（いい意味で）前と違うな」と感じたところを伝えるようにしています。内容についても，直したほうがいいところを言うのではなく，「これ，いいな」と思うところを称賛する（褒める）つもりで話をしています。ついつい「先輩らしく」と思ってアドバイスをしたくなりますが，まずは称賛することが大事です。「この人は自分のことをよく見てくれているな」と信頼を置いてくれるようになります。自分の変化をたくさん見つけ，それを称賛してくれる人には近寄っていきたくなるものです。同僚からは，「～について褒めてくださったのは，～さんだけです。気づいてくださってすごく嬉しいです」と言われることもありました。
　実際，私も，仕事に対してこだわってやっている細かなところに気づいてもらえると，とても嬉しいですし，こんなに自分のことを見てくれている人だったら，他のことについてアドバイスをもらいたいと思うようになります。生徒に対する「いいところ見つけ」ではありませんが，そういうところからいい関係をつくっていくようにしています。
　逆に，関係づくりの失敗例として，自分も過去に何度かやってしまっていることがあります。それは，年下の同僚からの相談を受けた際，過去の自慢話を長々と聞かせてしまうことです。年下ということもあり，素直に聞いてくれるので，ついつい先輩としていいところを見せようとしてしまい……。でも，相談に来る場合，たいていは自分とは違うスタイルで指導をする先生が多いんです。そうした先生に，「自分は～だった。こうするといい」なんて言っても，なかなか気持ちを受け取ってもらえません。自慢話はほどほどにしておかないと，信頼を得るどころか，過去の話をする面倒でやっかいな先輩になってしまいますので。その点は特に気をつけています。

(3) 年上編 『年上の信頼を得るには』

　年上の同僚（先輩）には，普段からよく授業づくりの相談をしています。なかなか普段は授業を見てもらう時間がないので，先輩には自分の授業のやり方や考え方を聞いてもらい，助言をいただくことが多いです。そして，助言をもらって授業をしたら，先輩にその内容を報告するようにしています。私はここがポイントだと思っていて，自分もそうですが，助言をしたら，その後どうなったかが正直気になります。しかし，教えた自分が「どうだった？」と聞くと，何か恩着せがましいなと思ってしまい，あまり聞かないようにしています。自分だったら，もしここで教えた相手から実践後の報告があり，さらに感謝をされたら，教えた側としては嬉しいし，好印象を抱きます。そして，もっと教えてあげたくなります。教師は元来自分の知っている知識を教えたくなるものですので，積極的に頼ってくれるのは嬉しいものだと思います。こうした授業に対するがんばろうとする姿勢やその後の礼儀正しい態度から，信頼感が高まり関係性が向上していくのではないでしょうか。

　ただ，気をつけなければいけないことは，訊き方です。「どうすればいいですかねぇ」のような，完全に相手の考えに任せっきりのような訊き方は相手に嫌がられることがあります。また，「こいつ，全然自分で考えずに任せっきりだな」のような不信感にもつながってきます。自分も過去に同じような聞き方を先輩にたびたびしてしまい，ご指導を受けた苦い経験がありますので，助言いただく際は，「〜と思うんですが，どうでしょうか」，「〜をやろうと思うんですが，どう思いますか」など，自分なりの考えをもって伺うとよいと思います。

●ちょっと独り言
　年上の同僚に話を訊く場合
　　・素直さ，謙虚さが伝わるようにする。
　　・「この先生にはぜひ教えてやりたい！」と思ってもらいたい。
　　・スポンジのように何でも吸収しようとする気持ちを忘れずに学び続けたい。

(4) 同年代編 『同年代の信頼を得るには』

　普段の何気ない会話から仕事やプライベートに至るまで，関係性を高めるポイントがたくさんあるのが同年代の同僚だと思います。

　「最近どう？」よく同年代の同僚に言う言葉です。同年代の同僚には，何の気なしに声をかけることが多いです。1つの学校に同年代の同じ専門教科の同僚は，マンモス校でもない限りあまりいないと思いますが，他教科の同僚であれば話は別です。仕事の内容に限らず，いろいろと話をする機会をもつように心がけています。特に何も話が広がらないときもありますが，お互いに話したいネタがあるときなんかは，結構話が盛り上がり，そのまま飲み屋へなんてことも。話題はと言うと，仕事の話はもちろんですが，服装がいつもと違うとか机の上に何かおもしろそうなアイテムがのってるとか，趣味の話や彼女が欲しいだの，結婚したいだの，愚痴や悩みなど多種多様です。話す内容は何でもいいんです。たくさん話すことで，お互いの考え方や行動傾向などがわかってくるんです。そういうふうになってくると，信頼関係もできてきて，職場での同僚の様子もわかるようになり，より仕事もやりやすくなります。もし困っていたら，お互いにフォローし合えるようにもなります。

　さらに，同年代の同僚については，職場外でも関係性を高める場面がしばしばあります。それは，テスト週間などの土日の部活が完全にオフであるときや学校行事の代休をねらって，同僚を誘ってみんなで遊びに行くんです。こういった計画も，普段の何気ない会話の中から出てくることがほとんどです。数人だけが参加の計画だと，ただの仲のよいメンバーの集まりになってしまいます。ですから，どこまでの先生方を誘うかということに気をつけながら，参加できなくても負い目を感じさせないような工夫をし，来られそうな先生方すべてに声をかけるようにしています。

　プライベートで遊ぶことは，そういった計画を立てることが目的ではなく，関係性を深めることが目的なので，自分で計画を立てていなくても，他の先生から誘われたら極力参加するようにしています。このように，一緒に過ごす時間を増やすことで，いい関係ができてくるように思います。

3 合わない人とはこう付き合う

　合わない人と言っても，仕事のスタイルが合わない，学級づくりのやり方が合わない，考え方が合わない，生理的に無理など様々あると思いますが，同じ職場である以上，一切関わらないというのは無理があります。学校を運営していく上で，職員はチームです。そのチームメイト同士がそんな状態では，学校運営がうまくいくはずがありません。そういう気持ちを抱くと，いくら表には出さなくても，何気ない言動などから相手は感じ取ることが多いように思います。そうなると，相手も自分を避けるようになり，余計に関係が気まずくなるという悪循環が発生します。そうならないために，私は，合わない人ほど以下の①～③を心がけてしています。ただし，自分が合わないと感じているのであれば相手もそう感じている可能性があるので，ほどよい距離感を保ちつつです。

　① **自分から挨拶を！**
　毎朝，自分から笑顔で挨拶をします。笑顔で挨拶をされて嫌がる人はそうはいないと思います。むしろ嬉しいはずです。ですから，もしかしたら好意があるのか？と相手に思われるくらいやります。

　② **その人を知る努力を！**
　同じ教員であるのなら，すべてが合わない人なんていないと思っています。合わない部分が強調されて，他のよい部分が見えなくなっているのです。ですから，合う部分や見習える部分，すごいと思う部分を探します。たくさん見つかったりすると，案外気持ちが変わったりするものです。そして，そういったよいと思う部分は，口に出して本人に伝えるようにしています。

　③ **仕事で認めさせ，信頼を得る！**
　信頼を得れば，相手からの印象も変わるはずです。そうすると，合わないと思っていた部分も相手が合わせてくれることもあります。

　上記のように，合わない人にはむしろ，自分から関係性を高めるようなことをして，「合わない！」という思いが起こらないようにしています。

初任者のための職員室サバイバルテクニック

　ここまで，年代別にそれぞれ書いてきましたが，大切なのは，相手からの信頼を得るために自分が何をできるかです。先にいろいろと書かせていただいたこと以外にも，細かな日々の関わりはたくさんあります。これを読まれている方の置かれている学校の状況も違えば，一人ひとりの性格も違っていますので，そのままやろうとするのは無理だと思います。私は，話したがり屋の目立ちたがり屋で，さらにはお調子者なので，先のような人との関わりメインで実践を述べています。ですから，ここに書いてあることはさらっと読んでいただき，最終的には得意分野で自分流にやってほしいと思います。

　最後に，番外編として，日々の細かな関わり（目立ちたがり屋のお調子者の自分流）を2つほど載せさせていただきます。

【番外編①】〜飲み会での挨拶〜

　仕事場以外で上司と関係性をつくるなら，職場の飲み会への参加が近道です。私はそういった場では，普段，面と向かって話をする時間がない上司には必ず飲み物を持って挨拶に行きます。アルコールが飲めなくても大丈夫。普段聞けない上司の本音が聞けるチャンスなんです。相手の本音を聞いたり，自分の本音を話したりすると，その相手との距離が近づくような気がします。

【番外編②】〜意外に知らない誕生日〜

　意外に同僚の誕生日って知らないものなんですが，知っておいて損はないです。同僚の誕生日には，何かチョットしたものをさり気なく渡しています。相手がもらってお返しをどうしようかと困るようなものではなく，ほんとにチョットしたものです。あめ玉やチョコレート1個とか，缶コーヒーとか。これ，自分もやられるんですが，嬉しいです。「誕生日おめでとうございます」みたいな感じで。ものが嬉しいと感じるのではなく，相手の心遣いが，意外性もあってすごく嬉しくなってしまうんです。

（永谷　光裕）

15 中学校 敵より味方を増やす方法

1 私が大切にしている「職員室での心得」

(1)「職員室は教室と一緒」

　職員室は，学校の教室と一緒です。管理職は教室の先生。一般教諭は児童生徒と一緒です。そして，校務分掌という係活動が一人ひとりに任されています。学校の仕事は，一人で何とかなるものではありません。それは教室と一緒で，他の職員と関わり合い，チームになっていかなければならないと感じています。決して一人で何とかなるものではありません。お互い，様々なところで助け，助けられているのだ，ということを常に頭の中に入れておかなければならないと思うのです。

　教室では皆が平等で，必ずお互いが関われるよう，教師が仕組みます。私たちも関わらなければならないように仕組まれているのかもしれません。それであれば，うまく人と関わったほうが生産的で，自分の勉強にもなりますよね。

(2)「すみません」より「ありがとう」

　私が初任者の頃に，「すみません」よりも「ありがとう」を多く言える教師になりなさい，と研修で学びました。私は英語科なので，授業のときにも"Thank you."と多く言います。もちろん，生徒から言われることも嬉しいですし，英語は「すみません」と「ありがとう」のもつ意味がはっきりと違います。人に感謝をすること，されることは自己肯定感も高めます。もちろん，学級の中でも「ありがとう」を言う活動をしていらっしゃる先生方も多いかと思います。職員室でも一緒です。

　その言葉のお陰で，これまでの職場ではいい先生方に恵まれ，この職業を続

けてくることができました。そして，これからもこの言葉を忘れずに，周りの人に感謝をして「ありがとう」を多く言える教師，人間でありたいと思います。

(3) 「笑顔」

教室で教師が笑顔で過ごすことと同様に，職員室でも笑顔で過ごすことは大切です。私は人見知りなので，あまり自分から話すことは得意ではありません。でも，笑顔で過ごすことは心がけています。職員室で機嫌が悪く，イライラしていても，雰囲気が悪くなって周りに気を遣わせてしまいます。職員室も教室と同様に，互いが気持ちよく過ごせるよう，努力しなくてはなりません。

(4) 「同僚は見ている」

私は人見知りをするほうです。新しい赴任先だと，心を許せる相手ができるまで，自分の殻に閉じこもってしまいます。大人相手は，怖いと思っています。でも，見ている人は私のことを理解してくれます。

それは，児童生徒と私との関係や，クラスや部活動の雰囲気を見て判断してくれる人です。送別会で，それほど関わりのなかった先輩教師に，

> 先生はいつも笑顔でニコニコしているから，生徒にも好かれるし，雰囲気もいいよね

と褒められました。そんなふうに見ていてくださった方がいたのだと嬉しく思い，今でも心に残っている言葉です。

こんなふうに，私が今まで勤めてきた職場には，必ず助けてくださる人がいて，励ましてくれる人や，相談に乗ってくれる先輩，若い人を育てようとしてくれる人たちであふれていたような気がします。では，具体的に職員室にいる人たちとどんな関わり方をしてきたのか紹介します。

人と付き合う「心得」

(1) 厳しい上司の話

　私が初任者の頃の上司はとても厳しい人でした。私たちの実態を見ないで、勝手に決めつける人だったので、勘違いされたこともありました。自分の至らないところを指摘され、それを理由に「あれはするな、これはダメだ」と言われた毎日でした。職員朝会で立たされて、皆の前で怒られたこともありました。挙句の果てには、「これだから女性はすぐに休みたがる」とまで言われ、完全に今の時代にそぐわない発言が多かったです。でも、教員の世界はこういうものなのか、と家族や学生時代の友人に話を聞いてもらう毎日でした。

　そんな上司とうまくはやれませんでした。厳しい上司だと、逆に周りの職員が団結していきます。お互いにお互いを守ろうと、上司に好かれている先生が、リトマス試験紙のようにご機嫌を伺いながら話をしてくれ、怒りの矛先が向かないよう、配慮してくれるのでした。ただ、そこでつらい思いを経験させてもらったので、それ以降の赴任先の上司を全員、『よい上司』として見ることができます。

(2) それでも頼るのは上司であること

　児童生徒にトラブルがあったときは、一人で解決しようとしないでください。必ず上司に相談してください。職員室はチームです。トラブルを上司が解決しようと、策を練ってくれるはずです。若い頃、自分で解決しようとして、ミスをしてしまいました。そのとき、先輩に

> 上司の言う通りにすればいいんだよ。それでもっとひどくなっても、上司が責任をとってくれるから。自分の判断だけだと、責任があなた個人に回ってきて、取り返しがつかなくなるよ。

と言われました。私には経験も自信もないので、この言葉を受け入れる他はあ

りません。それから，どんな小さなことでも報告し，学校全体で話し合い，取り組んでいます！という姿勢で解決を目指してきました。問題を共有することで，たくさんの職員が関われるきっかけにもなります。

(3) 年下の先生とは共感すること

　経験が優先されるこの職場でも，年齢関係なく，私が学ぶことはたくさんあります。私が受け身だからかもしれませんが，「自分が何かをしてやらないと」と思うより，「何でもしてもらおう」というスタンスでお願いしています。

> 先生，こういうワークシートお持ちですか？こういうふうなワークシートがあったら，使えると思いませんか？先生，パソコン得意ですよね？

といって，作ってもらうことがあります。

　もちろん，いきなりは頼めないので，それまでに関係をつくっておきます。年下の人とはなかなか共通点がないのですが，私の年齢になると教え子の同級生や友だち，といった話題になってしまいます。私が若い人にできることといったら，相手の話を聞いてあげることくらいだと思っています。大変なクラスや，トラブルが起きたときに，話を聞くことです。自分がその立場になっても，解決できるかどうかなんてわかりません。その先生ががんばっていることを挙げて，話を聞きます。アドバイスなんてしません。自分がその立場だったときに欲しいのは，アドバイスではなく，話を聞いて，共感してくれる相手だからです。

　もちろん，「教えてください」というスタンスで来る人には，きちんと自分のもっている知識や経験が役に立つよう，教えます。ただし，強制はしません。

> 自分はこういうやり方でうまくいったけど，先生のクラスの実態に応じて，使ってみてください。

(4) 年上の先生,「教えてください!」

　先輩を味方につけることで，様々な場面で助けてもらえます。話を聞くときは，絶対に否定しません。「そうなんですね。勉強になります」とひたすら聞き役に徹します。人間関係ができてきたら，

> 今，こういうところでうまくいかないんですけど，先生はどのように工夫されていますか？教えてください。

と質問をして距離を縮めるのも有効です。あとは，年上の先生は仕事に有効なアイテムをもっています。そこに目をつけ，尋ねるのです。それだけでも，相手とのコミュニケーションのきっかけになります。特に女性の先生は喜びます。

　それと，部活動指導は男性優位の世界だと思っています。私は，バレーボールの大会運営にたまに携わる立場にいるのですが，年上でなくても，真似したい学校の先生には，大会の空き時間を使って悩みを聞いてもらいます。

> セッターのトスがうまく上がらなくて悩んでいるのですが，コツや練習方法ってどんなものがありますか？

　こんな会話から合同練習をお願いして，仲よくさせていただいている先生も多くいます。謙虚な姿勢は好印象をもってもらえます。先輩とうまく付き合うという術は，学生時代に身につけました。中学生の頃は，先輩に無言電話や悪口ばかり言われていました。年上と上手に付き合うには，やはり相手を敬うことです。自分では仲がいいと思って，調子に乗ってしまうと，先輩に怒られたりもしました。だから，年上の人とうまく付き合うには，「親しき仲にも礼儀あり」です。

(5) 同年代「オープンマインドで心を開く」

　同年代同士とは，雑談が弾みます。共通の話題がそのときそのときに応じてたくさんあります。若い頃の流行，そして家庭をもつようになったら，家庭の話。新採用の頃は，初任者研修で仲間ができました。悩みを共有することで，

心の距離は近くなります。ときには泣きながら電話で相談したこともありました。自分がオープンマインドになることで、相手を信頼している、と思ってもらえ、相手からも信頼されるようになります。若い頃の友人と会うことは少なくなりましたが、今でもお互いのよいところをお互いにきちんと褒め合うことができるよい関係です。

　独身の頃は、遅くまで残って仕事をしていたので、その後仲間とご飯を食べたりしながら、コミュニケーションをとっていました。仕事の話はもちろん、そうでないプライベートな話も多かったです。

　もちろん、クラスの生徒にも私はオープンマインドなのだと思います。学級経営で悩んでいることをクラスで共有し、質問を投げかけます。生徒が私と信頼関係を構築するきっかけになります。

3 トラブルから振り返る

　大人になっても、陰口をしている人がいて、驚いています。あれだけ子どもたちに「陰口はやめなさい」と繰り返し指導してもやまない理由は、大人の責任なのだと思います。もちろん、私も言われたことがあります。陰口をわざわざ知らせてくれる人がいたのです！これにも驚きでしたが、教えてくれた職員には、「暇ですね、言わせておいてよいですよ。気にしていられません」とだけ返しておきました。

　どうやらその話は、私の指導法はここの学校の生徒には合わない、というものだったらしいです。以前から勤めている職員に言われていました。私のクラスや授業を大して見てもいないのに、そのような言われ方をしたので、私は逆にその先生に、

　どう教えたら〇〇先生のように、学力が上がるのですか？秘訣はありますか？教えてください。

と言って，こちらから会話をしました。英語科なので，レッスンごとにポイントとなることを聞きながら，コミュニケーションを意識的にとりました。

このエピソード以外にも，直接文句を言われたこともあります。思い返すと，すべてがコミュニケーション不足から来ているものです。でも，『合わない人』なので，コミュニケーションをとっていなくて当然です。そんなに話をしなくても，最低限，挨拶はきちんとしようと心がけています。特に意識しているのは，相手を思いやった挨拶です。

「お疲れ様です。先生，大変そうですね。休まれていますか？」と自分も疲れていますが，相手はもっと大変な状況なのではないか，と少し大げさに言います。自分の主張も大切ですが，それがトラブルのもとになり，余計なエネルギーを使いたくないし，相手にエネルギーを削られるのも嫌なので，気持ちよく仕事ができるよう，努めています。

私のサバイバルテクニック

(1) 教員には異動がある

うまくいかない人がいても，教員には異動があります（私立学校等を除きますが）。毎日同じ職場で接していれば，嫌なところはお互いに見えてきます。そして，私にはあまり教員の友人が多くありません。異動を繰り返すので，固定した友人はいません。知り合いは増えていきますが，そんなにマメに連絡をとるほうでもないので，その職場だけの付き合いの人が多いです。

長い教員人生の中のほんの数年だと思ってください。『うまくいかない相手』にとらわれるより，自分のことを慕ってくれる友人や児童生徒，保護者も多いはずです。そして何より，家族が一番の理解者です。家族に自分のことをわかってもらうだけで，気持ちが軽くなることがたくさんありました。私はそんなふうに割り切って，付き合っています。

(2) 私も怒られたらへこみます

　同僚に仕事のことで注意を受けると，嫌な気持ちになりませんか？それは児童生徒も一緒です。児童生徒のほうが，受け止めが大きいと思います。
　私たちの仕事は，うまくいかないことを叱る，責任を追求するというのが目的ではなく，児童生徒を教え育てることです。それは，教室も職員室も一緒です。叱ったり，怒鳴ることではありません。児童生徒にも，同僚にも，『教え育てる』気持ちをもたないといけないと思うのです。失敗が起こったら，次に同じことを繰り返さないように，教えないといけません。相手を責めるのではなく，どうしたらいいのか，解決をするほうが先決です。
　今の時代，失敗を恐れて何もできない，失敗が許されない風潮の世の中です。失敗が起こらないように教えてもらいながら，また自分が教えながら仕事をしていかなくてはならないと思っています。こんな気持ちを一人ひとりがもてる職場が理想です。

　最後に，私にも得意な人・苦手な人がいますが，苦手な人ほど自分の課題を見つめ直すことができるとプラスに考えることにしています。全員に好かれるのは難しいことなので，敵より味方を増やすことを考え，味方である人たちに感謝をすることを忘れずにいたいと思っています。

（井口　真紀）

16 中学校
職員室の関係づくり？ そんなの考えちゃいけない！

1 同僚と「いい関係」になる心得

(1) 人間関係を意識しちゃだめ！

　私たち教職員の仕事は，生徒の可能性を伸ばし，よき人生の一助となることです。職員室の人間関係は二の次のはず。

　それなのに，（当然ですが）職員室の人間関係が，成果の可否に大きく影響することが少なくありません。人間関係がスムーズであることに越したことはありません。

　それでもなお，人間関係に注目してはいけないと思っています。一番大事なことは，生徒の居心地・幸福感です。そこに注目していけば，職員が協力し合っていけるはずです。人間関係は抜きにして。人間関係を優先するあまり仕事の質が落ちるのは，プロの仕事とは言えません。

(2) 嫌われたくない症候群

　若かりし頃の私は，職場の皆さんに嫌われたくない，気に入ってもらいたい，という気持ちが大きかったです。だから，差し入れを持っていったり，会話を周りに合わせたり，お世辞を言ったり，影響力のある職員の機嫌をとったり，やたらへこへこしたり。批判されたり悪口を言われたりすると，途方もなくへこんで夜も眠れなかったり。

　そんな私ですから，強い立場に立つと横柄に振る舞ったり横暴な行動をしたり，とても恥ずかしいことをしたことがあったことを告白します。とても後悔しています。

　こんな自我のない私の態度では，生徒を幸せに導くことなどできるはずがな

かったのです。生徒になめられ，生徒指導はできず，授業は崩壊，学級にはびこる力関係を何ともできませんでした。また，必要以上に威圧し，生徒を従わせ，無駄な権力闘争を引き起こしました。

(3) 職場に人間関係は必要ですか？

　こんな私に転機が訪れます。
　職員室での息苦しさと（こんなに気を遣っているならば当然ですよね）生徒との関係づくりに悩んでいた私は，教育相談・カウンセリングを学び始めました。正直を言うと，生徒とときには対決する生徒指導は私にはできない，受け入れる対決しないやり方のほうが楽だ。そんな打算がありました。要するに，うまくやるテクニックを学びたいと思いました。
　夢中で飛び込んだカウンセリングワークショップで，故・深山富男愛知学院大学教授がとんでもないことを言ったのです。
　「職場に人間関係は必要ですか」
　何言ってるのこの人？それを学びに来ているのに！……衝撃を受けたことを今でもはっきりと覚えています。そして，サイコドラマのワークショップが繰り広げられたのです。深山富男氏が私に与えてくれたサイコドラマの精神は，仕事の面でもプライベートな面でも私の人生を輝かせてくれるバックボーンとなりました。
　それまでの私は，自分の意見を出さず周りに合わせるという姿勢だったのですが，自分の意見や気持ちを表現すると，あら不思議，関係がうまくいくことが多くなっていきました。
　もちろん，表現の仕方が稚拙で対立を生んだり，誤解されたり，相手に嫌われたりして苦しい思いも何度もしました。しかし，それと同じかそれ以上に，わかり合い，信頼し合い，力を合わせて充実した仕事ができるようになりました。その結果，心からわかち合える友人が多くできました。
　優先すべきは仕事の内容。人間関係は後からついてくる。決して人間関係を優先してはならない。それが私の持論です。

同僚と「いい関係」になるコツ

(1) 〈上司との関係〉とにかく正直に！

　上司（特に校長・教頭）は，職員一人ひとりにとって大事な人です。また，大事な人でなくては困ります。大事な人には，自分をわかってもらいたいものです。「自分」とは仕事上の能力のみならず，人生のプライベートな出来事・困難なども含みます。そして，それに付随する気持ちです。

　大事な人には丸ごとわかってもらいたいです。

　30代前半の頃。私の人生において，最大級の困難が襲いました。息子に障がいが見つかったのです。大変なショックと混乱でしたが，仕事を休むわけにはいきません。休んだところで，問題は解決しないこともわかっていました。

　すぐに校長と学年主任に話をしました。「今のところ，仕事は続けるつもりです」と。

　3日間無理やり笑顔をつくり，生徒の前に立ち続けました。しかし，4日目の朝，朝学活の時間が迫っているのに，もう笑顔にはなれなくなっていました。職員室の椅子から立ち上がれません。涙が止まらなくなったのです。それを見た学年主任はすぐに「朝学活には俺が行く！」と立ち上がってくれました。私は校長室に飛び込み，「私，もう生徒の前で笑顔ができません！」と校長室のティッシュボックス半分使って，涙をふきました。

　そのときの佐藤校長先生の言葉を，今でも忘れません。「あなたは疲れたね。よくがんばった。実家に帰って1週間休みなさい。今のあなたには休養が必要だ」と。決して「がんばれ」とは言いませんでした。

　この言葉に救われました。その後も声をかけてもらい，支えられながら人生の困難を乗り越えることができました。今，教師を続けていられるのも，佐藤校長先生が丸ごと私をわかってくれたからだと思っています。

　佐藤校長先生のご退職の送別会で，私がスピーチを承りました。

　正直に，嘘をつかず。上司には自分の状況と気持ちを伝えましょう。

(2) 〈年上の同僚〉敬意を表する
　年上の方には「敬意を表する」に尽きます。
　具体的に言えば
　①　丁寧な言葉づかいで話す。（タメ口は御法度）
　②　優先する（道を譲る・使用を譲る　など）
　これに尽きます。
　以前の同僚で，若くてとても仕事ができるA先生がいました。素晴らしいな，すごいなと尊敬していたものですが，仕事の遅い人・できない人に，非常にシビアでした。年上の同僚に対しても，あからさまに軽蔑の態度をとりました。私はそれを見て，心を痛めていました。
　授業がわかりにくいと生徒に評判が悪く，生徒になめられ（いじめられ？）ている体の小さい年配の女性のB先生がいました。A先生はB先生と会話をしません。挨拶もしないようでした。どうしても連絡があるときは付箋に用件を書いて，B先生がいないときをねらって机上に貼っていました。
　そんな様子を見て，私はA先生に怒りを覚えました。B先生に積極的に声をかけ，悩みを聞きました。B先生は校内暴力吹きすさぶ頃に教員になって，指導力を身につけるどころではなかったのかもしれません。その時代をくぐり抜けてきた大先輩です。PCの操作法など，私のできることはサポートしました。B先生は感謝してくれ，「私にこんなふうに接してくださる方はいませんでした」と涙されました。送別会でB先生への贈る言葉を，私が担当しました。校長先生から「B先生に親切にしてくれてありがとう。堀川，イイ女だ」と賛辞をいただきました。「いい教師」ではなく，「イイ女」。その違いを嬉しく思いました。
　私自身も年配と言われる年齢になりました。どんどん新しい教育用語や機器が導入され，ついて行けないことも多くなりました。そんなとき，年下の同僚に疎まれたりしたら，絶望的な気持ちになります。
　どんなに逆立ちしても，年下の者には年上の方の経験を超えることはできないのです。そのことを肝に銘じたいです。

(3) 〈年下の同僚〉隙を見せまくる

　私の好きな言葉に「本当に力のある者は優しい」という言葉があります。ちょっと先輩になった頃の私は、いかに自分ができるか、いかに後輩が力がないかを見せつけたいという衝動を、抑えることができませんでした。後輩の花をもぎ取り、自分の手柄がいかに素晴らしいかを見せつけたかったのです。何と器が小さかったかと、今更ながら顔から火が出る思いです。

　今は、そんなことはしません。後輩には自分の失敗談を数多く話し、最初から今の私ではなかったことを伝えます。後輩たちは、「堀川先生がそうだったなんて、信じられない！」「堀川先生でもそうだったんだから、私も先生みたいになれるかな」「何だか安心しました」と、笑顔を見せてくれます。

　実際話した通りなのですが、格好つけず、盛らず、等身大の自分を表現するのは勇気が要ります。ましてや失敗談となれば尚更です。力がついて初めて話せることなのかもしれません。

　新採用のＣ先生が悩んでいました。私語がやまず、注意すると反抗的な態度をとられる、と。「自分はダメだ」「教師に向いていない」と繰り返し言いました。私はＣ先生に「私も若いときは同じだったよ。もっとひどかったかも。あまり苦しくて精神科にも行ったくらい。生徒指導困難校で新採の女性教師なんて本当に生徒からひどい扱いをされる。ここで終わったら丸損だよ。力になるよ」と言うと、感謝されました。そしてサイコドラマ（ロールプレイの原型）で現実の場面を再現し、Ｃ先生は泣いて泣いて泣いて、過呼吸になるくらい泣いて、自分の本当の気持ちに気づいて表現し出したのです。その後のＣ先生の授業は劇的に変わりました。生徒の反応を気にするのではなく、自分の伝えたいことを精一杯授業するようになり、生徒を引きつけました。

　Ｃ先生は、転勤しても私を師として仰いでくれています。

⑷ 〈同年代の同僚〉つるまない・率直に話す

　「仲よくなること」と「仕事をすること」では，「仕事をすること」がもちろん優先です。極論すれば「仲よくすること」ができなくても「仕事」ができればよいのです。

　どの年代の同僚でもそうですが，絶対条件として「陰口」を言わない。すべて「表口」にすることが，職員室の風通しをよくする秘訣です。自分で直接言えなければ，管理職に相談する。そして改善を図ってもらうのです。「仲よくする」のは，それができてからのことです。人間関係を優先するあまりに必要な要求も伝えられないようでは，仕事をすることができません。

　あるとき，私は同年代のD先生を怒らせてしまいました。D先生に確認しないで進めてしまったのです。それに気がついた私はD先生に謝ろうとしましたが，D先生は仲間のE先生を連れて休憩室に行ってしまい，いつもは開けてある扉を閉めてしまいました。扉の向こうから聞こえる怒りを含んだ話し声に，私のことを言っていると確信しました。

　このまま帰っても，気になって夜も眠れない。そう思った私は…なんと，休憩室の扉をノック。おそらく私の悪口を言っているであろう2人のいる空間に切り込んでいきました。ぎょっとして私を見る2人。

私「もしかして，私のこと話してましたか？」
2人「⁈」
私「だったらごめんなさい。わざとじゃないんだけど急いでいて，本当に申し訳ないです」
D「……私の責任になるからね」
私「本当にごめんなさい。もう二度とこんなことはないようにします」
2人「……」

　そして私は帰路につきました。やれることはやった。あとは野となれ山となれ。次の日にはさわやかに職員室の扉を開けることができました。

3 合わない人とは

　まずはどんな同僚でも，率直に気持ちを伝えます。正直な直球には力があります。かなりの確率で誤解が解け理解し合えます。また，こちらが気づかず不快な思いをさせたなら，謝ることもできます。しかし，そんな直球が通じない人もたまにいます。どんなに誠意を尽くしても会話がかみ合わない人。気持ちが通じない人。そのような人とは適切な距離をとります。

　適切な距離とは，
① 挨拶をきちんとする
② 陰口を言わない
③ 仕事で必要なことのみ話す

　それでも攻撃してくるときは，
④ 嫌がらせをするようなら，事実を文章にして残しておく
⑤ 管理職に相談する
⑥ 信頼できる同僚に打ち明ける（陰口としてではなく）

　それでも苦手な同僚の言動に振り回される場合は，自分の認知のゆがみを自覚することです。必要以上に気に入られようとしていないか。すべての人が自分を気に入るべきと考えているのではないか。一人でも自分を嫌いな人がいることが耐え難いのではないか。

　すべての人に気に入られることは不可能です。すべての人に嫌われないようにすれば，志を同じにする本当の仲間ができないということです。自分の志を表して生きれば，本当の仲間ができます。半面，相容れない人が同じだけできるのです。すべての人に気に入られることは不可能であると同時に，不必要であることを肝に銘じることです。

　そうは言っても……という気持ちはよくわかります。しかし，いわゆる「嫌われる勇気」をもつことができれば，人生はおのずと幸せに満たされます。自分の認知のゆがみをとるには，カウンセリングを受けることをお勧めします。

4 初任者のための職員室サバイバルテクニック

いわゆる「可愛がられる」初任者とは
① とにかくフットワーク軽く
大きな荷物が届いた，人手が必要…などのとき，すっと動いて手を貸せるように。教職経験やテクニックでは，先輩教師に助けられることばかり。お役に立てることは何でもやる姿勢で。
② とにかく一生懸命に
下手でもいい。できなくてもいい。誠実に仕事に取り組んでいるだけでよいのです。格好をつけない。不器用なくらいがちょうどいい。
③ 素直に Help!
できないことをそのままにしないで，先輩教師に相談する。そして素直にアドバイスを実行。うまくいってもうまくいかなくても学ぶことが多いでしょう。
④ 顔色を見ない
先輩に気に入られようとしてする行動は厳禁です。そんな行動はすぐに見透かされ，疎まれます。仕事は子どもたちのため。そのために集中しましょう。
⑤ 正直に話す
失敗したことも悩んでいることも，隠さず先輩に話しましょう。そんなところこそ，私たち先輩教師は力になりたいところです。なぜなら，若かった頃に一番欲しかった支えですから。先輩を信頼して心を開く。そうすれば先輩も大きく腕を広げて受け止めてくれるでしょう。だって，仲間なのですから。

（堀川　真理）

17 付き合いやすいか付き合いにくいかを決めているのは自分自身である

中学校

1 「いい関係」とはどのような関係か

問題提起をしながら話を進めます。

Q.「いい関係」とはどのような関係なのでしょうか？

一般的に，企業や役所は権限や指揮命令系統，責任の所在が明確です。それに比べて，学校の職員室は「なべぶた型」と呼ばれるように，少数の管理職以外は，年齢やキャリアに関係なく比較的フラットな関係です。部署ごとの壁もありません。同じ職員室にいるのですから，比較的関係づくりはしやすい環境であると言えます。

教師集団の分類に関する先行研究があります。例えば，油布（1988）は，中学校教師を対象にして調査を行い，教師集団の特徴を規定しているのは「学校経営に関する満足度」と「教職員同士の意見交流の頻度」であることを明らかにしました[1]。渕上（2004）らは，小・中・高等学校教師を対象に職場の雰囲気を測定する調査を行いました。その結果，職場の雰囲気には協働的風土と同調的風土があることを明らかにしました[2]。**協働的風土とは，教育実践や校務分掌に関する教師間の多様な意見を受け入れて，みんなで腹を割って議論できる雰囲気があることです。**一方，同調的風土とは，和を大切にするあまり，あるいは一部の声の大きい職員の影響で，自分の考えや主張が言い難い雰囲気があることです。

本稿における「いい関係」とは，「協働的風土」と定義します。先行研究から，協働的風土をつくるには教職員の意見交流の頻度が重要であると言えます。一方で，同調的風土を生む可能性も否定できないことがわかります。単に意見交流があればいいというわけではないのです。

Q．どのようにしたら，協働的風土をつくることができるのでしょうか。

　渕上・西村（2004）は，協働的効力感の形成には，職場内の雰囲気や職場でのサポートの存在が深く関わっていることを明らかにしました[3]。協働的効力感とは，よりよい学校づくりのために学年や分掌など立場の違いを互いに認め，克服しつつ，互いに協力し合う関係を形成することができるという信念のことです。

　私は，これまでの教員生活の多くを協働的風土の職場で過ごしてきました。生徒の成長を願って，真剣に熱く議論し合う多くの同僚に出会ってきました。こうした同僚は協働的効力感があったと言えるでしょう。「生徒を伸ばすために協力したい」という信念が暗黙のうちに存在したのです。

　しかしながら，教師の多忙さがますます増している今の時代において，この暗黙の了解は通用しません。議論で思いを明らかにする機会もそうそうありません。したがって，協働的風土をつくるための前提として，何のために，どのような児童生徒を，といった，学校における「共通のベクトル」を明示することが重要です。このベクトルの共有が，学校経営への満足度に関連するものと考えます。

　共通のベクトルが明確であるという前提で，職員室で「いい関係」をつくるポイントとして，次の２つの力を提案したいと考えます。

ア　思いや意図を察する力
イ　共感する力

　共通のベクトルを念頭に置いて議論すると，相手の思いや意図を察することができます。そして，「なるほど，そうだったのか」と相手の思いに「共感」する。つまり，「意図」を察するようにすると，その先生の思いに「共感」するチャンスが広がるのです。もちろん，簡単には共感できない場合もあるでしょう，それでも，共通のベクトルをもっているという安心感があれば，議論を続けることはできます。この２つの力は改めて身につけるものではありません。年齢やキャリアに関係なくすでにもっているものです。

Q. 力を発揮しやすい雰囲気にするにはどうしたらいいのでしょう？

　やはり，何を言っても受容してもらえるという「心理的な安全性」が担保されていることが必要です。もちろん，共通のベクトルをもった上でのことです。例えば，職員研修などで多くの職員と意図的に意見交流する場を保障することなどが挙げられます。場の設定も重要ですが，何と言ってもお互いの信頼関係の構築が必要です。信頼関係を構築するには，社会人として当たり前のことを当たり前にすることが近道だと考えます。これは，年齢やキャリアは特に関係ありません。

　改めて言うこともないと思いますが，例えば
　◎時間を守る
　◎報・連・相を怠らない
　◎身だしなみに気をつける
　◎言葉づかい　など

です。自戒を込めて言いますが，職場で同僚と関係がうまくいかないと自覚することができるのなら，上に挙げたようなことを振り返ってみることも必要かもしれません。

　厳しい言い方になるかもしれませんが，付き合う相手のせいにしていては何も状況が変わりません。相手を変えることはできません。自分を変えることは，ほんの少しの心がけでできることだと思います。

2 同僚との付き合い方〜校内研修編〜

　研究主任として，先生方とどのように仕事をしてきたのか振り返ってみます。共通のベクトルを共有して目標を達成するために，いかに前向きに仕事をしていただくか，という意識で働いてきました。

《Episode 1》管理職の思いや願いを傾聴する

　教育活動の成果に最終的に責任をもつのは，他でもない管理職です。したがって，管理職の思いや願いを実現しようと努めるのが大前提であると思います。次年度の校内研修を設計するにあたって，管理職の思いをよく聴くことが重要であると考えました。ちなみに，校内研修については提案文書を作成する前がポイントです。管理職がどのような思いや願いをもっているのかを踏まえて，方針を明確にした上で計画を作成するのです。先に述べたように，ここで思いや意図を察する力を発揮します。言葉尻だけを捉えるのではなく，丁寧に意図を聞き取るようにします。

　例えば，管理職が「板書のスキルを全職員が身につけられるようにしてほしい」という願いを語ったとします。なぜ，そのような思いをもったのかを察するのです。そして，管理職にその意図を問いかけます。「それは，板書のスキルを高めることで授業の構成自体を先生方が見直す機会にしてほしいということですね」というようになります。もしも意図がずれていれば，大方の管理職は指摘してくださると思います。意図や思いが共有できれば「いい関係」をつくる第一歩となるでしょう。

> 管理職に対しては最大限に思いや意図を察する力を発揮しよう

《Episode 2》後輩にはよさを指摘し，よりよくなるアドバイスをする

　指導案を持ってきた後輩と，実際に次のような会話をしました。

> 後：先生，指導案をつくってみました。
> 私：この課題設定の仕方はおもしろいですね。どんな意図があるのですか。①
> 後：この単元では，生徒の興味関心をもたせて課題設定をするのが難しいところなのです。自分なりに工夫をしてみました。
> 私：授業の目的が明確になっていていいですね。先生の考えた手立てを講じることで，授業の最後に生徒にどんな姿になっていてほしいですか。②
> 後：やっぱり，授業が楽しかったって思ってもらいたいですね。そのためには，やっぱり生徒には「わかった！」と感じてほしいです。
> 私：私もその考えに賛成です。その姿を目指すのなら，〜という工夫ができると考えますが，どうですか？②
> 後：なるほど，それもおもしろいですね。もう少し考えてみます。
> 私：もしよければ検討してみてください。
> T：もう一度書き直したら見ていただけますか。
> 私：もちろんです。いつでもいいですよ。

　①では，思いや意図を理解するために問いかけをしています。②ではさらに授業後の生徒の姿を共有しています。そして，選択肢を提示して最終的に判断を後輩に委ねています。校内研修の場合，校内で決められた全体テーマなどあると思います。そこで示された方向とあまりにも異なる場合は指摘することもあるでしょう。それでも，大きくずれていなければ，可能な限り主体性を尊重するのがいいと思います。授業としての精度を高めていくこともちろん重要です。精度を高める一方で，モチベーションが低下することは避けなければなりません。往々にして起こりうる状況です。

　この後，この先生はアドバイスを踏まえて実践をしてくださいました。授業後に，「先生のアドバイスを意識してやってみたら，うまくいきました。ありがとうございます」と声をかけていただきました。

　後輩に対しては，ついあれもこれもと指導をしたくなります。もしも，「何

で〜という方法を使わないのか」と問い詰めるように指導をしていたとしたら，どういう結末が待っていたでしょうか。自分の思いがわかってもらえないという感情だけを残していたかもしれません。

> 選択肢を提示して，信じて判断を委ねる

《Episode 3》同年代とは授業の悩みを共有する

　同年代に対しては，授業づくりで援助要請を積極的にすることが関係づくりにつながると思います。同年代というと，無意識のうちに競争する意識が生じることがあります。競争する意識は諸刃の剣です。うまく転べば，切磋琢磨する関係として「いい関係」を職場につくることになります。反対に，情報の共有を阻害することにもなりかねません。

　同世代の同僚と，以下のような会話をしました。私が30代の頃です。

> 私：こんなことをしたいと思うんだけど，何となくしっくりこないんだよね。どうしたらいいかな。ちょっと指導案見てもらっていい？③
> 同：実は同じことを考えていたんだよね。そこ難しいよね。
> 私：最初は…としようと思ったんだけど。
> 同：それいいアイディアだな。そのアイディアもらっていい？
> 私：もちろんいいよ。やってみて感想きかせてよ。

　経験上，授業の悩みを共有した同僚とは，異動した後も長くいい関係が続いています。重要なのは授業に関する悩みであるということです。分掌の仕事の多くは一人ではできないことばかりです。授業は結局，最終的に授業者の責任において行うことになります。もちろん，任された仕事にはすべて責任が生じます。しかし，毎日生徒にダイレクトに届くのは授業です。私は，30代になった頃から，できるだけ日常的に授業について援助を求めるようにしてきました。

　30代後半から40代前半の私のような教師こそ，困っている，うまくいかないという声を積極的に上げていくことが重要だと思います。うまくいったことは

職員室でも声に出しやすいです。一方で，うまくいかないことを声に出せるかが実は人間関係においてポイントなのだと思います。「こんなことを言っていいんだ」という心理的な安全性をつくる一歩ではないかと思います。

> 経験を重ねたからこそ，授業づくりは積極的に同僚を頼ろう

《Episode４》一歩踏み出せば状況は変わる

　どんな分掌でも締切日までに提出していただくことがあります。教務主任や研究主任といった立場になると，こうした機会がどうしても多くなります。
　簡単なものであれば，

> 私：先生，お忙しければ，この項目についてお聞かせください。私が書いておきますので。

という対応ができます。たいていの場合，「すみません。すぐに書いて提出します」という言葉が返ってきます。指導案などの少し作成に時間がかかるものの場合，提出日間近ではなく，作成段階で関わることが大切です。

> 私：先生，指導案は進んでいますか？もし困っていることがあれば，聞かせてくださいね。

　心理的安全性が担保されていない年度当初は，困り感を表出することはできないかもしれません。学校行事で学級がまとまっていくように，職員室も何かのきっかけでまとまっていくのだと思います。指導案の作成もきっかけになり得ます。

3　若い教師の皆さんへ

　すべての同僚と同じように付き合うのは不可能です。同じ分掌や同じ学年など，仕事によってよくコミュニケーションをとる人がいる一方で，そうでない人もいるからです。コミュニケーションをとる頻度が少なくなるので心理的な距離感ができます。または，若いうちは，指導を受ける機会も多くあります。指導する先生の「言葉づかい」や「指導内容」によって，距離を感じることもあるかもしれません。

　どんな人にも「よさ」はあり，強みはあるという前提で付き合うことができないと，嫌な部分にばかり目がいきます。何が言いたいのかというと，

> 付き合いにくいと決めているのは他でもない自分自身である

ということです。このことに気づくことが，「いい関係」をつくる上で最も重要であると考えます。私はこう考えるようになって，気持ちが楽になりました。もちろんこれまで，話す機会の多い同僚とそうでない同僚はいました。

> その人の強みに目を向けるようにすること

　だからと言って，付き合いにくいと感じる同僚だったかというとそんなことはありません。人間関係づくりは，何か特別なことが必要かと言えばそうでもないと思います。シンプルだからこそ難しいのだと思います。

【参考文献】
(1) 油布佐和子「教員文化の社会学的研究」第3章，1988
(2) 渕上克義「学校組織における意思決定とリーダーシップの構造と機能に関する理論的・実証的研究」岡山大学教育学部研究収録，2004
(3) 渕上・西村「教師効力感と形成要因及びバーンアウトとの関連に関する研究」教師学研究，2004

（渡部　智和）

18 中学校
学校改善は職員室の雰囲気から

1 同僚と「いい関係」になるための心得

(1) 職場に受け入れてもらうには

私はこれまで4校の学校に勤務し，異動を3回経験しました。そのときに心がけていたのは，まずは自分からその学校の職場の雰囲気になじむことでした。例えば会話の中では

> 「ここの学校は……」ではなく，「うちの学校は……」と言う。

こうしたほうがもっと学校がよくなるだろう，と思い同僚にいろいろな疑問をぶつけ，話をすることは多いと思います。そのときに，前からその学校にいた先生にとってどちらのほうが受け入れやすいでしょうか。

私は後者です。「ここの学校は」と言っている間はまだ，新しい学校に来た人という感覚なんだと思います。「うちの学校は」と語れるようになった時点で，この学校で勝負をかけていく同僚になるのだと思います。

(2) 優先順位を大事にする

教員の仕事はめまぐるしくたくさんあります。その中で私は，事務員さんとの関わりの仕事は第一優先にしていました。出勤簿を押す。出張が終わったら旅行命令簿をすぐ出す。事務員さんは私たち職員の関係書類を一つ一つ念入りにチェックしてくださいます。一斉チェックの際に書類がそろっていない状態だと，そのために時間を割いてもう一度仕事をすることになります。給料をいただく身でもありますので，迷惑をかけないようにしたいものです。

⑶ 日常の仕事が優先

　優先順位にもつながりますが，学校の仕事の中で部活動にとられる拘束時間は長いです。しかし，その拘束時間に言い訳をつくり「部活があるから……できません」ではなく，日常の仕事を優先して，仕事にとりかかります。生徒に文武両道と伝えているのに，部活ばかりやって日常の仕事をせず同僚に迷惑をかけているのはいかがなものかと思います。私の先輩で，陸上で何人も全国大会に送り出している先生は仕事が早く，私が目標にしてきた教師の一人です。

⑷ チーム学校の精神で

　ある日，先輩教師に「学校の仕事は石垣を積んでいくのと同じだ」と言われました。石垣は隙間ができます。それと同じ，明確に決まっていない学校の仕事に損得を考えず「チーム学校の精神で」取り組めるかが大切だと思っています。互いに「向こうがやるだろう」では，よくなるものもよくなりません。

⑸ 付き合いも大切

　やはり，飲み会などの付き合いもうまくやっていく大事な方法だと思います。フォーマルなつながりとインフォーマルなつながりが組み合わさり，自分の弱音を吐いたり，相談に乗ってもらったり，相談に乗ってあげたりとお互いgive and takeの関係ができるのではないかと思います。

⑹ 職員が楽しそうな学校は雰囲気も連動する

　人には「ミラーニューロン」という細胞があります。別名「ものまね細胞」と言われ，その場の雰囲気になじんでいくのだそうです。職員が仲のよい学校は，生徒も仲よくなっていきます。逆に，「○○先生と△△先生は仲悪いんでしょ」といううわさが流れるような，職員の関係がギスギスした学校は……。

　大荒れの学校も勤務しましたが，「この状況を何とかしよう」と団結していました。つらいときもありましたが，互いに支え合っていました。まずは職員室の雰囲気から学校改善が始まるのかもしれません。

2 同僚とうまくやるコツ

(1) 上司とうまくやるコツ

① 管理職フォーマル編

基本的に管理職から出る発言は学校の方針なので，メモをとりながら話を聞きます。全校朝会で生徒に話をしている内容もメモをとっておきます。その日の終学活などでその話を学級用にもう一度します。管理職の目指す方向性に生徒を導くのは私たちの仕事だと思います。

② 管理職インフォーマル編

私の同僚と管理職とのやりとりのエピソードです。

その日は，夜遅くまで仕事をしている職員が少し多かったからかもしれませんが，校長室の引き出しにあったからとせんべいの差し入れをしてくれました。

> **校長：校　同僚：同**
> 校：「皆さん，お疲れ様です。あまり遅くならないようにほどほどにして帰ってくださいね」
> 同：「校長先生，ごちそう様です。ちょうどしょっぱいものが食べたくなってた頃なんですよ」
> 校：「引き出しにあった余りものですが」
> この同僚は，翌日に冗談交じりで
> 同：「昨日はごちそう様でした。校長先生，今度は余りものではなくて，甘いものでお願いしま～す」

なんてさらっと言っていました。私には，まねできないのですが，職員と管理職とをうまくつないでくれた人物でした。後日，出張に行った校長が饅頭を差し入れで買ってきてくれました（笑）。

彼が冗談で言っているのはわかってはいたと思うのですが，その話に乗ってくれた校長でした。その校長は職員からも信頼が厚い方でした。

(2) 年下とうまくやるコツ
　① 相手の強みを引き出す
　学級づくり，教科指導と，年をとるにつれて主任という肩書がつき，指導をすることになります。私が心がけていたことは，

> 相手の強みを消さないこと

　若い先生方の足りないことに気づくのは当然のことです。しかし，それを直接指導するのではなく，相手の強みを生かしながらアドバイスにつなげていけるといいのではないかと思います。
　ある担任が，生徒の指導の仕方に悩んでいました。生徒の問題行動の指導になるとついカッとなって，熱く指導しすぎてしまう先生でした。もちろん，やってはいけないことを指導することは当然です。しかし，相手の考えていることや理由などを聞き入れないで指導する傾向がありました。私が行ったのは，指導会に一緒に入ることでした。担任はそこにいて私の指導を見ているだけにしてもらいました。最後に担任から一言の機会を与えました。そして，私が

> 「これだけあなたのことを思って接してくれる先生はいないよ。次がんばろう」

と言って，指導会を終わりにしました。指導会の流れの中で，担任が指導の仕方に気づいてくれたらいいなと思い，そうしました。
　② 家庭訪問は一緒に行く
　何か生徒指導上の問題が起こったときに，担任は保護者と話をしなければなりません。私が学年主任をやっていたときに担任には，

> 「こじれそうだったら一緒に家庭訪問に行く」

と伝えてありました。担任一人だと不安になります。特に若い担任には，少し経験が豊富な学年主任がついて行ってあげたほうが，何かとうまくいくものです。
　2人で保護者に怒鳴りつけられたりするときもありましたが……。

(3) 年上とうまくやるコツ
　① 相談する
　年上の同僚には質問や疑問をぶつけました。自分が感じていることやこれから行おうとしていることなど。もちろん，自分の考えもありますので，それをぶつけた上でですが。
　他にも，先輩教師だから見える部分を生徒に語ってもらったりもしました。私が主任をしていた１学年で，授業態度がなかなか改善されず困っていました。学活でも担任が話をし，学年集会でも私が話をしましたが生徒に伝わっていきません。そこで，教務主任の先輩に相談したところ，話をしてもらうことを快く受け入れてくださいました。
　学年主任よりも上の立場の人が話をしに来たということで，生徒たちも危機意識をもちましたし，そのときに「今の状態を続けていくと２年後の高校入試のときに困る」，他にも，「卒業生の教え子が卒業してから苦労している」というような話をしてもらいました。
　少しずつ授業の状態がよくなりました。２年後に卒業式を終えた後，教務主任とあのときの話が……ということで思い出話をした覚えがあります。
　② 経験話を聞く
　飲み会では，先輩の学級づくりや教科指導，行事の取り組みなど経験話を引き出します。教員は話し好きの人が多いと思うのですが，お酒も入り流暢に話をしてくれます。普段なら話してくれない，失敗談などが出てきたりする場合もあり，とても参考になります。私はそこで終わりにしないで，後日「この前話してくださった……について，もうちょっと教えてもらえますか」と質問します。頼りにされて気分が悪い人はいないのかなと思います。
　③ 時間を守る
　年上の人は，自分よりも公務分掌を多くもっていて，人の３倍仕事をしている忙しい方が多いです。相談する際に気をつけているのは，「○○先生，10分だけ時間いいですか」とか「○時から10分だけ時間とれますか」と時間を示し，その時間で確実に終わるということを心がけました。

⑷ 同年代とうまくやるコツ

　運よく私の行く学校には，大体同い年くらいの同僚がいました。20代後半のときに主任が40代後半で，あとは私の1つ上の方と私と同い年の人たちと学年を2年間組みました。中間層がちょうどすっぽりといない学年でした。そのときは，みんなで団結し，学年主任について行きました。今振り返ってみると，次のようなことを意識していたように思います。

　① 後出しはしない

　道徳や学活などで使うワークシートはやる前にお互い提示し合う。学年会で提案するようなものは，授業を行う前に提案するものですが，「今週の道徳はこの資料でやります」などお互いに声を出して行うようにします。もちろん，「それ，うちのクラスもやりたいです」という担任には「どうぞどうぞ」と互いに give and take します。

　② 研修会の資料は情報交換

　悉皆研修などは同年代で同じものに行く場合が多いですので，レポートの課題も同じものになります。その際も情報交換し，悩みを共有します。

　③ ライバル心と相手を尊重する気持ち

　行事では，クラス対抗に火がつきます。生徒以上に担任が燃えました。しかし，終わった後はお互いを尊重することが大事だと思います。互いの強みを意見交換できたらいいのだと思います。

　④ 研究授業は全力でサポートする

　研究授業の際には，資料を印刷してあげたり，指導案検討会で出た改善点の相談に乗ったり，愚痴を聞いたりできるといいと思います。同じ立場だから共感できることがたくさんあるのではないかと思います。

　⑤ 同年代だから盛り上がる飲み会

　家族ができた今は，私も自由に出ることはなかなかできなくなりましたが，同年代の会は大事だと思います。普段言えないことを，お酒の力を借りて盛り上がれるのではないでしょうか。もちろん，部外秘の内容は他の同僚にはもらしてはいけないのは当たり前ですが……。

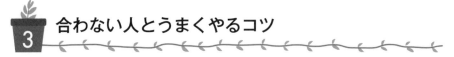
3 合わない人とうまくやるコツ

　職員室に合わない人がいるということは，とても憂鬱になると思います。できれば顔も見たくない，接点をもちたくないというのが正直なところだと思います。幸い私はそこまで合わない人に遭遇したことはありません（実は自分が同僚にとってそういう存在だったのかもしれませんが……）。
　もし，合わない人がいたと仮定して述べさせていただきます。
①　相手の強みは何か考える
　関係が悪い相手も何か強みはあるはずです。その強みが何かを引き出し，ときにそのことについて質問したり，仕事上の悩みを少し相談したりしてみます。そこから，歩み寄りの一歩が切り開けるのではないかと思います。
②　距離を置くのも大切
　合わなく，見るのも嫌だというのであれば，少し距離を置くのも大事だと思います。極力接点をもたず，仕事上の最低限の接点だけにします。ただ，難しいのが，他の人に気を遣わせるようなあからさまな状態は避けたいものです。ましてや，生徒にその状態が知れわたるなんてもってのほかです。他の同僚にも迷惑がかかってしまいます。
③　相手は変わらないものと思う
　その人は何十年と人生を経験して今の状態にあります。ちょっとやそっとじゃ変わらないものだと割り切ります。自分の力で変えてやろうなんて思わないことです。
④　第三者を入れて仕事をする
　1対1では気持ちがめいってしまうので，もう1人同僚を入れ，作業を行うのをお勧めします。ワンクッション入ることで，自分にとっても相手にとっても間がもち，仕事が進むのではないかと思います。

4 初任者のためのサバイバルテクニック

　私が採用された頃は，まだ2週間に1回の土曜日勤務がありました。午後に部活をして，夕方に帰宅するのですが，毎週のように遊びに行っていました。何かあると誘ってもらって，その中で自分がわからないことを聞きながら，仕事に生かしていた気がします。このように，私はインフォーマルな付き合いの中で得ていたものがたくさんありました。今は土日も完全週休になり，部活をするだけで，同じ学校の人とどこかに行くことなどほとんどないのが残念です。
　今，中堅になり初任者の人が身近（学年部，教科部）に入ってきたときに伝えていることを紹介します。

① 若さは武器
　若いというだけで武器になります。可愛がってもらえるし，ある程度の失敗も許されるし，自分のやりたいことをどんどんやるべきだと思います。

② 学校の達人につく
　まずは，自分の5年後を見据えて，何を武器に教員をやっていくか，その武器の分野の達人が学校にいるときは，即，見学に行く，質問する。行動の意図を聞くなど，吸収できるものはすべて吸収するつもりでいきたいものです。

③ 雑用を「はい，YES，喜んで」の精神で行う
　「雑用ができて，一人前」私は，雑用すらできない初任者でした。雑用をしながら，教員の仕事を覚えていきたいものです。

④ 遠慮せず，自分の強みで発信
　保護者は，初任者だろうと遠慮はしません。自身も同じことが言えると思います。自分の強みがある人はどんどん発信していっていいと思います。

⑤ 同じ初任者の人とのつながりを大切にする
　同じ立場の人と情報を共有することはとても大事だと思います。飲みに行ったり，お茶会でときには愚痴を言い合ったりすることも大事です。

（松井　晃一）

19 中学校
若手発信の「いい空気」が職員室を変える！

1 『若さ』で発信，職員室に「いい空気」！

(1)　『若さ』に勝る強みなし！

　若い先生を見て「うらやましい」と思うことがよくあります。

　「やりすぎるくらいにガンガン体をかけて生徒と関われる」ことと，「失敗や勘違いも『ごめんなさい』で乗り切れる」からです。若い頃，体をかけて生徒との絆が深まったものの，ちょっとやりすぎたこと。素直にやりすぎや勘違いを認めて「ごめんなさい」と謝ったこと。「先生，まだ若いからね」と生徒にも保護者にも温かく許してもらったことが思い出されます。

　でも今は，自分の一言動が職員室の空気を変えてしまったり，先生同士の関係悪化が学校運営に支障をきたしてはいけないという責任感のようなものを感じることがあります。だから，若い先生方にはこんなことを期待しています。

> 深く考えず，思いっ切り走る！

ことです。思いっ切り走れば走るほど，迷いも間違いも出てきます。そのとき，素直に教えを乞えばよいのです。失敗に気づいたら真っ先に「すいませんでした」と伝えればよいのです。あなたの若さ，すがすがしさ，元気でどんどん「いい空気」を発信していきましょう。

(2)　「謙虚さ」と「潔さ」

　2年目，3年目と進むにつれて，教師としての引き出しが増え始めた頃，私が最初にぶち当たった壁は，「謙虚さ」を忘れたことでした。

　議論が白熱して大喧嘩となったことがもとで，とても息苦しく，居心地の悪

い空気をつくってしまったのです。私の「配慮に欠けたもの言い」が原因でした。そう，私の言い方には「謙虚さ」のかけらもなかったのです。

　そして同時に，「潔さ」の大切さも実感しました。気まずくなった関係修復に必要だったのは，潔く謝ることでした。職員室の空気が再び穏やかになり，ホッとしたのを今でも覚えています。

⑶ **心のこもった言葉で**

　便利な時代となり，職員室内ではコンピュータネットワークを生かして仕事をすることが多くなりました。前任者のデータのおかげで，引継ぎで話し合う時間が大幅に軽減され，話さなくても伝わることさえあります。

　しかし，どんな仕事も，淡々と必要事項を伝え合うだけでは事務的でさみしいものとなります。書類一つにしても手渡しで言葉を交わしたり，前もってそっとお願いしたりするなど，

心のこもった言葉のやりとりで合意を増やす

のです。「いいね」，「わかったよ」といった合意でチームをつくるのです。

⑷ **あふれる個性，仕事で一つに！**

　自分と同じ感覚の人が職員室にあふれていても，教育効果は決して上がりません。確かに気の合う人が多ければ安心できますし，気難しい人が近くにいなければ，話し合いもスムーズにいきそうな気がします。しかし，そこにはホントの「いい空気」など生まれるわけがなく，同僚と高め合えるわけもありません。そんな私たちが，高め合う生徒を育てられるわけなどないのです。"気の合いそうな人"を職員室内で探そうとしていませんか？"気難しそうな人"を避けようとしていませんか？

　目を向けるべきは，同僚の「生徒に対する情熱」であり，「授業のアイディア」であり，「その人の強み」です。あふれる個性が仕事を通して歩み寄れることこそ「職員室のいい空気」につながるのです。

2 職員室で「いい空気」をつくる4つのコツ

(1) 上司の時間を大切にする！

　私が若い頃，よく相談した教務主任は，どんなに忙しくされていようとも手を止めて，身を乗り出して聞いてくれました。備品の保管場所がわからないときには，そこまで出向いて一緒に探してくれたり，指導案で悩んだときには，参考になりそうなものをコピーしてそっと渡してくれたりと，自分も将来はこのように後輩に接したいと思える，まさに"モデル"のような先生でした。

　朝一番に職員室を開け，私が帰ろうとする時間にもまだおられる教務主任。休日でもコーヒーを飲みながらパソコンに向かう姿。次第に，「いつ休んでおられるのだろう」「ご家族との時間がないんじゃないかな」，「どうやってリフレッシュされるのかな」と思うようになりました。

　ある日，湯茶室で教務主任に聞いてみました。

　「先生，リフレッシュできるご自分の時間などあるんですか？」

　教務主任は笑顔で答えます。

　「僕は要領が悪いから何をしても時間がかかるんですよ。気にしないでください。それより，君こそ若いのに，たまにはパーッと出かけておいでよ」

　そのときは，忙しさの微塵も表さない教務主任を「やっぱり尊敬できるな」と単純に思っていましたが，よく考えてみると，忙しい中にも職員みんなを優先してくださっていたおかげで，職員室に「いい空気」が流れていたのです。

| 上司の時間も大切にする |

ということに，もっと早く気づけばよかったと後悔しています。

　学校の先生という仕事は忙しい。忙しいからこそ，自分の時間だけでなく，お互いの時間を大切にし合うべきです。

　「ちょっと話しかけていいですか？」

　「相談したいのですが，放課後お時間とっていただけますか？」

教えを乞うときの基本。上司に気遣ってもらうだけでなく、私たち自身もこういった感覚を大切にしたいものです。

(2) 後輩に、失敗談をプレゼントする！

「こんなとき、どうすればいいですか？」

数年経ち、このように質問してくれる後輩ができました。「役に立てる」という実感は、多忙感など吹き飛ばし、大きなエネルギーにつながります。

しかし、あるときこんなことに気がつきました。彼女は、私がアドバイスしたことをそのままやっているようです。渡したワークシートも全くそのまま。渡したメモをそのまま生徒の前で読んでいることも。次第に、何か、彼女に悪いことをしているのではないかと思うようになりました。

なぜなら、彼女自身が自分で考えたり、悩んだりした実践ではないため、達成感が今一つのようだったからです。アドバイスによる実践で、彼女が生徒とうまく信頼関係を築いているようにも思えませんでした。私のアドバイスは、生徒に「解き方ではなく答え」を教えるように、彼女の考える機会を奪っていたのです。そう気づいてから、私は彼女への関わり方を変えてみました。

> **自分の失敗談を惜しまず話す**

ようにしたのです。それまでポンポン答えていた質問へのアドバイスも、少し言葉を選ぶようになると、彼女の帰宅時間が少し遅くなりました。日が暮れても、凝った掲示物を作ったり、もう一度教室を整頓し直したりする彼女の姿を何度も見るようになりました。

運動会の後、彼女の教室へ授業に行った私が目にしたのは、背面に掲示された『担任から生徒へのありがとうメッセージ』でした。運動会の翌日に間に合わせようと、彼女が必死で作ったものです。涙が出そうなくらい温かいものでした。ご自身のアイディアで作られたのだと思うと、自分のことのように嬉しく思いましたし、生徒も嬉しそうに見ているのを眺めながら、私たちの後輩との関係も、生徒たちの空気に大きく影響するのだと実感しました。

(3) 先輩との「年の差」はこうして縮める！

　20歳以上の年の差をものともしない学年主任がいました。何をやるにしても，大船に乗った気持ちでやってみなと言わんばかりに，信頼して任せてくれました。行事が終わると打ち上げで語り合い，学年スタッフ旅行にも快く参加してくれることで，学年は1つのチームとなりました。

　でも，自由にさせてくれたり，楽しい時間を過ごしたりできたから関係がうまくいっていたと思っているのではありません。チームになるために，

> 若手が年の差を難しく捉えず，自分たちからどんどん関わる

ことができたからです。関わらなければ年の差はそのまま。どんどん関わることで，チームとしての年の差はどんどん縮まるのです。

　ぎこちなさを顧みず一緒にスキー旅行を楽しんでくれたことがありました。「得意でなくても生徒とこうやって関わるものだよ」と教えてくれていたのでしょう。育児体験での苦労話もよく聞きました。きっと「父としてがんばれ」と，未熟な父親であった私を励ましてくださっていたのでしょう。

　年の差だけで無意識に関わりを閉ざしていませんか？

　年の差は決して難しいものではありません。若手から進んで関わることで，何十倍もの楽しみに変わるのです。

(4) 同僚をひとりにしない"のりしろ"への関わり！

　生徒会を複数の同僚と担当したときのことです。

　ある同僚はそこでの経験が長いため，そろそろ生徒会担当もバトンタッチといった感じです。活動の仕方やアイディアについて相談しても，

　「君のやり方で好きにやったらいいよ」

と，あまり親身なアドバイスはありません。自分の分担ではないからと，

　「大変だろうけど，がんばってね」

の言葉には，孤独感を覚えたこともありました。

　一方，対照的な同僚がいました。

「生徒総会の資料，一緒に手伝おうか？」
「そっち大変そうだから，こっちの話し合いは見とくよ！」
と私のつらく，手の届きにくい部分にさり気なく声をかけてくれるのです。担当が複数とは言え，チーフの私ががんばるのは当然のことです。

しかし，どちらも関われる"のりしろ"の部分にこのような声かけがあるのとないのとでは，チーフとしての気持ちは全く違います。声かけのおかげで安心して仕事ができますし，一人ではないという気持ちは，がんばってやり遂げようとする意欲につながるのです。

私の仕事じゃないからと，"のりしろ"に背を向けていませんか？
自分が忙しくなりそうだと，"のりしろ"を人任せにしていませんか？
"のりしろ"への関わりは，職員室における人間関係を良好にする絶好のチャンスなのです。誰一人として孤独を感じない職員室をつくるのは，あなたの，その声かけから始まるのです。

3 合わない人と難しくなるのは,「合わせよう」とするからだ!

　学級のこと,校務分掌のこと,会議資料のこと,挙句の果てには,机上整理や駐車の仕方のこと。自分のやり方と違うことを非難する先生がいました。

　このような助言がいかに当人のモチベーションを下げるか,いかに周囲の士気を下げるかは,お読みの先生方なら想像できるでしょう。たとえその通りだったとしても,改善への意欲や勇気につながらないのです。「合わない人」と感じる要因の一つに,「言い方がきつい」ことはよくあります。

　「合わない人」とのやりとりは,徐々に本題から外れ,気づくと「言い方について」言い合っていることが多く,そんなときは,思い切ってきつい部分を削除して解釈しましょう。

> 自分流にアレンジする

のです。議論すべきは仕事の内容です。言い方など,外国語だと思ってみれば腹も立ちません。では,練習してみましょうか!?

君ねえ,生徒会活動がんばってるつもりかもしれないけど,全く職員には伝わってこないんだよ。生徒の指導の前に職員に根回しってもんが必要ってこと知らないの?ホントに何年目なんだよ!

これを,きつい部分を削除して,大谷風にアレンジするとこうなります。

いつも生徒会活動がんばってるね。お疲れさん。でも,君ひとりで背負わなくてもいいんだよ。事前に職員室で『今度の企画,生徒への声かけお願いします!』って伝えとくだけで,応援してくれる先生も増えて盛り上がるぞ!

　そもそも,「合わせなくてよい部分を合わせようとする」から難しかったのです。職員室での「合わない人のきつい言葉」も,アレンジ次第で励ましに早変わり。「難しさ」が「いい空気」に変わっていくのです。

4 初任者の「気配り」と「強み」が空気を変える！

　新卒の初任者を同じ学年に迎えた年のことでした。

　口数は少なく，コンピュータが得意で事務仕事がスピーディーな彼は，とっても素直で純粋な若者でした。生徒の質問に，自分の知ることから一生懸命に答え，休み時間には生徒と一緒に笑う彼。「先生，手伝います！」と女性の先生の力仕事に遠くから駆け寄る彼。生徒への指示で悩んでいる私の横に来て，「こんな隊形じゃダメですかね？」と必死に考え寄り添ってくれる彼。

　数ヶ月経つと，初任でありながら「重要な戦力」となってくれていました。彼は，

> 「自然で細かな気配り」を続け，「自分の強み」を生かす

プロだったのです。

　あるとき，音楽担当が生徒指導で授業に遅れていくと，彼がギター片手に生徒の輪の中で歌っているではありませんか。また，生徒会役員への指示で私の学級が手薄になったとき，「今日の球技大会どうだった〜？」と自然に学級で生徒と振り返ってくれていたのも彼でした。"音楽好き"，"子ども好き"という強みを彼は存分に生かしていたのです。

　他人に手を差し伸べたり，寄り添ったりすること。また，自分から得意なことや夢中になれることを共有できること。これらは，職員室でも教室でも，「いい空気」をつくる基本となるのです。

　若手発信の「いい空気」が職員室を変え，生徒を変え，学校を変えていけるよう，私たちもそれを支える立ち位置や言動について考えていきたいものです。職員室に「いい空気」を一緒につくっていきましょう！

（大谷　啓介）

20 「俺たちはチームだ」

1 同僚と「いい関係」になるための心得

　私たちには目の前の生徒に対して指導する役割があります。しかし、とかく教師という職業は自分の授業や学級で受けもつ子どもたち35人に対して、自分一人で指導する場面や前に立つ機会が多く、ある錯覚に陥ることがあると思います。その錯覚とは、一人で何でもできる、一人で何でもしなくてはいけない、一人に責任があるなどの個業とも呼べるべき状態です。うまくいっている気がしているときの気持ちは楽です。自分のペースと方法で、自分だけで役割を果たすのですから。しかし、一度うまくいっていないと自覚し、うまくいっていると思っても実は水面下で指導のまずさが徐々に悪影響を与え、気がついたときには、一人では修復できない状態に陥っていることもあります。

　私自身、多くの失敗を重ねています。「何だか働いていて楽だなぁ」という感覚、「生徒が自分の指示をすぐに聞いて楽だなぁ」という感覚、「準備が不足していても何とかなるなぁ」という感覚。そういう感覚をもってしまっていたときには、他の職員に相談することがなかった。そして、その感覚が大きな間違いであることに気がついたときには、誰にも相談できなかった。声をかけられても悩みを打ち明けられなかった。一人で苦しむ状況を自分でつくり出してしまった。そんな失敗を思い出します。

　私たち教員の職業は、指導要領や県の目標、学校の実態によって設定される教育目標達成を意識していかなければなりません。そして、私たち職員全員がその達成を目指して、子どもたちの成長のために課題や悩みを共有し、改善策を出し合い、共に実践し、達成を喜び合う。つまり、職員全員で

> 共通の目的のために，協働して課題を解決していこうとする

そんな職員の姿が大切なのだと思います。しかし，その姿の実現は非常に大変なことだと思います。

　今津（2000）は，「協働性の低下が教師に孤立感や不安感をもたらし，集団としての問題解決力を低下させストレスを増幅させている」と報告しています[1]。また，渕上（2005）は，「学校内においては教職員との円滑なコミュニケーションを図りつつ協同関係を構築する能力，学校外に対しては外部者と連携・調節する能力が不可欠となってきている」としています[2]。教職員のメンタル面からも，現代の教育現場の実態からも教員の協働が重要であることがわかります。

　つまり，私たち職員も生徒に求めるような，課題達成を目的にした活動を通して，良好な関係の構築を目標にした，

> 職員同士の意図的な仲間づくりを進めていく必要がある

と考えます。

　そして，それを実現するために，学級づくりで私たちが求めるような

> 学校の課題を解決するための，共通の目的を設定する
> その目的達成のための具体的な取り組みを計画実施する
> それらの取り組みにおける成果の，一人ひとりのよさを認め合う
> そのよさを全員で共有し合う

そんなプロセスが必要だと考えます。職員室の雰囲気，そんな職員集団，そんな職員集団に貢献していこうとする個人の姿が大事だと思うのです。

同僚とうまくやるコツ

　自分自身，同僚には個性豊かな仲間と呼べる出会いが多かったと感じています。もっと言えば，その場では，

> 個性を発揮できていた
> 個性を発揮できる関係があった
> 個性を発揮できる環境があった，整えられていた

ように感じます。そこには学級と同じ，職員同士の相互理解と認め合い，そしてそれを安心して生み出すための職員室づくりがあったのです。
　これまでの勤務経験から，職員同士の良好な関係づくりに関して学んだことがいくつかあります。それは，

> ① 職員の強みを大切にする
> ② 笑いを大切にする
> ③ 一人ひとりが目立つ場を設定する
> ④ 全員で職員の活躍を確認し合う場を設定する
> ⑤ 職員共通の目標を明確にする

　いくつかにまとめると，働いていて楽しい職場にはこれらのことを大切にしてきた学校文化とも言えるものがあったと感じています。

① 職員の強みを大切にする

　堀裕嗣氏（2011）は，FMC理論を紹介し，学年部内における教職員の役割について，父性，母性，友人関係を例にして学年部内の職員の役割分担の大切さを主張しています[3]。学年職員の個性がはっきりと見えて，学年内の自分の立ち位置がわかると，安心感が生まれると思います。自分の得意なことを認められ，その力を発揮し，学年職員や学年全体に貢献できると感じることは，幸せなことです。そして一番大事なことは，それぞれの立ち位置を互いに理解し

ていること，理解しようとすることです。それができれば，一人ひとりが生き生きと働くことができる。生徒に自信をもって向き合うことができる。自分の存在が組織の中で頼りにされるということは，働く動機の面でも，組織の中での安心感の面でもとても大切なことです。

同僚の職員と明るく仕事ができるという雰囲気は，職員にとっても子どもたちにとっても幸せなことです。職員が幸せだと職員室に笑顔が生まれます。職員室に笑顔が生まれると，明るい雰囲気が生まれます。職員室が明るい雰囲気だと，子どもたちにも教室にも明るい雰囲気が伝わっていきます。職員同士の良好な関係が生み出すものは，生徒に多大な好影響を与えると思うのです。

② 笑いを大切にする

職員室には笑いが必要です。職員同士の良好な関係を築いていく上で，笑いの力はとても有効です。井上（1994）は「協調としての笑いは，互いの緊張を解き，関係を近づける笑い」と主張しています[4]。

ある学校では，授業の空き時間，放課後の時間に職員同士の会話を増やすことを意識しています。「皆さん，最近また自分たちの会話量や笑いが減っていますから，何の話題でもよいので会話量を増やしましょう」という提案が出るわけです。自分の失敗談，授業の中で起きたおもしろいエピソード，職員の宴席での思い出話などなど。関係性の良好な職員室では，笑い声がよく聞こえてきます。緊張感が生まれる学校現場だからこそ，緊張感を生むことが大事な学校現場だからこそ，緊張を解く笑いは大切なことだと思います。仕事の生産性を高める上でも，人間関係を築く大切さを指導する学校職員の立場としても，職員同士が良好な関係性を維持するように努力することは絶対に必要なことだと考えます。

③ 一人ひとりが目立つ場を設定する

なかなか歯車がかみ合わず悩んでいる状態も，誰にでも訪れます。特に，授業がうまくいかないとき，生徒指導で苦労しているとき，生徒との関係がうまくいかずに悩む。そんなとき，何ができるのでしょう。「がんばれ！」だけの言葉がけでは，悩んでいる人をさらに追い込みます。でも，言葉がけがなけれ

ば，孤立感が増して悩みをさらに大きくしてしまうでしょう。

　かつて，ある女性職員は授業がうまくいかない状態がありました。生徒との関係もギクシャクしていたとき，集会でのレクリエーションである提案がされました。その女性職員の特技を集会で披露する機会が用意されました。体育館のステージで披露されたその特技と普段とのギャップに生徒は騒然。大人しそうな職員が柔道着を着て，屈強な体育教師を投げ飛ばすのですから。それ以降，「あ，こんなこともできるんだ。すごい」と思った生徒は先生に親しみやすさを感じ，生徒との関係もよりよいものになっていきました。

　職員同士の関係性を高めると，職員同士の相互理解が高まります。一人ひとりの職員がもつ強みや，普段の様子から判断する相互支援ができるようになります。

④ 全員で職員の活躍を確認し合う場を設定する

　宴会での出来事です。学校の宴会，学年の宴会，教科部の宴会，行事後の宴会。様々な宴席が学校には存在します。でも，その宴会にも意図を明確にすることで，職員同士の関係性を高めることができます。

　ある学校では，学期末の宴会は「職員同士のホメホメクラブ」として，職員のがんばりを讃える場が設定されています。2学期の行事での職員の活躍。今後への期待。そういった職員一人ひとりのがんばりを，宴会という場で認め合い，確認し合うのです。ただ，宴席を楽しむだけではない，職員がお互いのことを知り，学校での貢献を語られることは，勤務する人にとっては，「またがんばろう！」と仕事のモチベーションが高まることにもつながります。

　また，そういった話題があれば，職員同士の会話も増え，普段から様々な情報の共有ができるようになります。職員同士の意思疎通や情報共有は，とても大切なことです。

⑤ 職員共通の目標を明確にする

　ある学級では以前から頻繁に問題行動が起きており，学級担任と学年主任や生徒指導担当の職員がその生徒の指導や対応を相談することも多く，精神的にもつらい状態が続いていました。

その学級で生徒指導上の問題が1つ起きました。でも，そのときは該当学級担任と生徒指導担当だけではなく，学年部全員の職員が対応のための会議に参加するように学年主任から言われたのです。そして，そのときに学年主任が言った一言が忘れられません。それは，

> 学年みんなで考えて対応していこう。俺たちはチームだ。

　その言葉は学年部職員の気持ちを奮い立たせました。1学年5クラスの大きな学校でした。正直，どの学級にも生徒指導上の問題があり，どの担任も副任も余裕がある状況とは言えませんでした。でも，だからこそ「俺たち学年の職員は1つのチームとしてみんなで考えて対応するのだ」という主任のその言葉は心に響きました。

　今の○○先生の苦しい状況は人ごとではない。いつでも誰にでも陥る可能性のある事態である。だからこそ互いに支え合うのだ。という姿勢を見せ，伝えられたと思っています。しかし，言葉だけで人は動きません。その言葉を伝える人が学年部職員をチームにするべく，様々なイベントや働きかけを続けてくださっていたのです。朝学活，給食，学活，道徳，終学活など。担任以外も多くの時間に廊下や教室で一緒に指導をしてくれていました。また，学期末の保護者との面談期間になると，担任以外の学年部の職員でりんごパイやお汁粉を料理してふるまうなど，

> 常に学年部職員みんなで何かの目標に向かって協力する

という，共通の目標やイベントを多く設定していたのです。私たちは協力して料理をしたり，生徒指導の対応を考えて，学年部の職員全員で考えていこうとする中で，学年部としての絆を深め，良好なチームへ成長することができたのではないかと思っています。

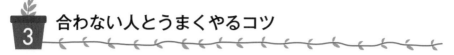

3 合わない人とうまくやるコツ

　教師も一人の人間。自分と馬が合う人もいれば合わない人も。まずは，そのことを理解しておくことが大事だと思います。では，「何が合わないのでしょう？」私の経験から考えると，「生徒に対する指導の考え方の違い」において，「合う」「合わない」を感じることが多かったと思います。ですが，

> 「自分」は，何のために生徒を指導しようとしているのか
> 「合わない人」は，何のために生徒を指導しようとしているのか

を考えたときに，どちらも「子どもたちの笑顔や幸せな将来のために」という点で，「同じなんじゃないの？実は……」と思います。
　しかし，自分とどうしても指導の考え方が違うという場面に遭遇したら，

> どういう生徒で，生徒と職員はどういう関係性で，どのような場面で，何を目的にした指導なのか

を聞く，もしくは想像して学ぶことができると思います。自分の知らない指導の現場，対応，実態に応じて成果を上げてきているからこそ表れる指導の違い。それを学ぶことが自分にプラスになります。でも，話しかけるのも無理なほど合わない状態が続くのなら，

> 「あ，この人はそういう指導しか経験されていないのだな」

と割り切ることもときには必要かもしれません。少し時間を置いてから信頼できる誰かに相談したり，なぜ異なる指導になるのか聞いたりすればよいと思います。生徒の成長を願い，促すために集められたメンバーですから，いつか必ず……。いずれにせよ，現場の職員には自分なりに成功を収めた実践があるはずです。合わない人の実践にこそ，自分の成長のカギがあるのかもしれません。大事なことは，「強みを見る」「強みを認める」ことだと思います。

4 初任者のためのサバイバルテクニック

　自分自身が先輩から教えていただいたことで，今でも大切にしていることがあります。それは，「学校で働く事務員さん，管理士さん，給食の調理師さん（など，いわゆる教諭と呼ばれる方以外の方）から可愛がられなさい」という言葉です。今自分なりに解釈すると，「教諭以外の学校職員の皆さんのお仕事に私たちは支えられていることを知りなさい。そして，その方たちの業務に支障が出ないようにきちんと期日やルールを守りなさい。そうすれば，信頼を得て，可愛がってもらえますよ。協力を得られますよ」ということだと思います。一人では何もできません。自分自身が「誰かに支えられている」と気づくことができるような謙虚さを，常に保ち続けることが大事なのだと思います。

> 当たり前だと思うことに感謝すべきことがある

　そのような気持ちをもって職員室で過ごしてみると，いかに私たちがチームとして働いているのか，たくさん感じることがあるはずです。そして，間違いなく自分自身がチームの一員としてチームに貢献をできていることがあるはずなのです。それを伝え合える，そんなチームであり続けたいと思います。

【参考・引用文献】
(1) 今津孝次郎「学校の協同文化　日本と欧米の比較」藤田英典・志水宏吉編『変動社会のなかの教育・知識・権力』新曜社，pp262-299，2000
(2) 渕上克義『学校組織の心理学』日本文化科学社，2005
(3) 堀広嗣『生徒指導10の原理・100の原則　気になる子にも指導が通る110のメソッド』学事出版，2011
(4) 井上宏「笑いと人間関係」，『笑い学研究』(1)，19-22，1994，日本笑い学会

（山本　宏幸）

あとがき

　クラスがまとまらない，子どもたちとなかなかつながれないという話を聞きますが，教師の心が本当に折れるのは，同僚との関係がこじれたときです。教室において素晴らしい実践をする力をもちながらも，同僚とうまくいかなくなって職務の遂行が難しくなってしまった教師を少なからず知っています。私たちは，教師としての訓練はある程度受けていますが，残念ながら，社会人や職場の一員としての訓練を受けているとは言えないのです。つまり，職場で同僚とよい関係をつくることやよい同僚になるための勉強は，ほとんどできていないのです。私たちの教室での実践力は，職員室でうまく振る舞うことによって発揮されるのです。読者の皆さんには，同僚との関係で悩み，それを理由に休職するような事態になってほしくないと願い本書を企画しました。

　さて，本書は，「学級を最高のチームにする極意」シリーズの20冊目になります。多くの教師に大事だと認識されながら，教員養成から現職教育を通して学ばれないことの一つに「学級集団づくり」があります。

> 教育活動がうまくいかない理由のほとんどは，人間関係に起因する問題，即ち，学級集団づくりの失敗

です。系統的に学ぶことができない学級集団づくりの参考書としていただければと思います。

『学級を最高のチームにする極意シリーズ』ラインアップ

○学級開きに
『一人残らず笑顔にする学級開き　小学校〜中学校の完全シナリオ』
○学級目標づくりに
『最高のチームを育てる学級目標　作成マニュアル＆活用アイデア』

〇年間の学級集団育成の戦略に
『自ら向上する子どもを育てる学級づくり　成功する自治的集団へのアプローチ』
〇いじめを予防し，いじめに立ち向かうクラスづくりに
『いじめに強いクラスづくり　予防と治療マニュアル　小学校編・中学校編』
〇気になる子の支援に
『気になる子を伸ばす指導　成功する教師の考え方とワザ　小学校編・中学校編』
〇思春期の子どもたちと向き合うために
『思春期の子どもとつながる学級集団づくり』
〇子どもたちとの個人的信頼関係の構築に
『信頼感で子どもとつながる学級づくり　協働を引き出す教師のリーダーシップ　小学校編・中学校編』
〇集団のルールづくりに
『集団をつくるルールと指導　失敗しない定着のための心得　小学校編・中学校編』
〇やる気を引き出す授業づくりに
『やる気を引き出す全員参加の授業づくり　協働を生む教師のリーダーシップ　小学校編・中学校編』
〇アクティブ・ラーニングの視点による授業改善に
『アクティブ・ラーニングで学び合う授業づくり　小学校編・中学校編』
〇クラスのまとまりを生む協働力の育成に
『クラスがまとまる！　協働力を高める活動づくり　小学校編・中学校編』
〇保護者との信頼関係の構築に
『保護者を味方にする教師の心得』

　本書も，明治図書の及川誠さん，姉川直保子さんのおかげで無事に出版することができました。こころより感謝申し上げます。

赤坂　真二

【執筆者一覧】(掲載順)

虎竹 信之介	千葉県千葉市立高洲第四小学校
松下　崇	神奈川県横浜市立川井小学校
長崎　祐嗣	愛知県名古屋市立豊岡小学校
蜂谷　太朗	埼玉県川口市立柳崎小学校
北森　恵	富山県公立小学校
和田　望	新潟県十日町市立東小学校
近藤　佳織	新潟県小千谷市立総合支援学校
内藤　慎治	福岡県福岡市立和白東小学校
荒巻　保彦	和歌山県新宮市立三輪崎小学校
永地　志乃	奈良県御所市立大正小学校
吉田　聡	新潟県上越市立城北中学校
曽根原　至	新潟県上越市立城北中学校
黒田 麻友美	北海道公立中学校
永谷　光裕	公立中学校
井口　真紀	新潟県南魚沼市立六日町中学校
堀川　真理	新潟県新潟市立巻西中学校
渡部　智和	新潟県上越市立城北中学校
松井　晃一	新潟県上越市立城北中学校
大谷　啓介	富山県砺波市立般若中学校
山本　宏幸	新潟県上越市立直江津東中学校

【編著者紹介】

赤坂　真二（あかさか　しんじ）

1965年新潟県生まれ。上越教育大学教職大学院教授。学校心理士。19年間の小学校勤務では、アドラー心理学的アプローチの学級経営に取り組み、子どものやる気と自信を高める学級づくりについて実証的な研究を進めてきた。2008年4月から現所属。即戦力となる若手教師の育成、主に小中学校現職教師の再教育にかかわりながら、講演や執筆を行う。

【著　書】

『スペシャリスト直伝！　学級づくり成功の極意』(2011)，『スペシャリスト直伝！　学級を最高のチームにする極意』(2013)，『THE 協同学習』(2014)，『THE チームビルディング』(2014)，『一人残らず笑顔にする学級開き　小学校～中学校の完全シナリオ』(2015)，『最高のチームを育てる学級目標　作成マニュアル＆活用アイデア』(2015)，『自ら向上する子どもを育てる学級づくり　成功する自治的集団へのアプローチ』(2015)，『クラス会議入門』(2015)，『いじめに強いクラスづくり　予防と治療マニュアル』(2015)，『思春期の子どもとつながる学校集団づくり』(2015)，『気になる子を伸ばす指導　成功する教師の考え方とワザ』(2015)，『信頼感で子どもとつながる学級づくり』(2016)，『スペシャリスト直伝！　成功する自治的集団を育てる学級づくりの極意』(2016)，『集団をつくるルールと指導』(2016)，『やる気を引き出す全員参加の授業づくり』(2016)，『アクティブ・ラーニングで学び合う授業づくり』(2016)，『クラスがまとまる！協働力を高める活動づくり』(2017)，『教室がアクティブになる学級システム』(2017)，『スペシャリスト直伝！　主体性とやる気を引き出す学級づくりの極意』(2017)（以上，明治図書）　　　　他多数

学校を最高のチームにする極意シリーズ

職員室の関係づくりサバイバル
うまくやるコツ20選

2017年5月初版第1刷刊	©編著者	赤　坂　真　二
	発行者	藤　原　光　政
	発行所	明治図書出版株式会社

http://www.meijitosho.co.jp
（企画）及川　誠　（校正）姉川直保子
〒114-0023　東京都北区滝野川7-46-1
振替00160-5-151318　電話03(5907)6704
ご注文窓口　電話03(5907)6668

＊検印省略　　　　組版所　長野印刷商工株式会社

本書の無断コピーは，著作権・出版権にふれます。ご注意ください。

Printed in Japan　　　　　　ISBN978-4-18-152710-5
もれなくクーポンがもらえる！読者アンケートはこちらから　→

今すぐ出来る！全校『学び合い』で実現するカリキュラム・マネジメント

西川 純 著

子どもが変わる！学年・教科の壁を越える全校『学び合い』

子ども・教師がこんなに変わる！学年・教科の壁を越えた全校『学び合い』で実現するカリキュラム・マネジメント。全校『学び合い』の理論から実現のための4条件、スムーズな導入ステップから子ども集団づくりまで。取り組みのポイントを実践例をまじえてまとめました。

A5判 168頁
本体 1,900円＋税
図書番号 1283

スペシャリスト直伝！主体性とやる気を引き出す学級づくりの極意

赤坂真二 著

指導力を高めたいすべての方へ！学級づくり成功の秘訣

「主体性」と「やる気」を引き出すために、日常的に取り組むべきこととは？おさえておきたい学級づくりの基盤となる2つの要素と育成の3段階。学級づくりの基礎・基本から教師のリーダーシップ改革、学級機能アップチェックポイントまで。指導力UPに必携の1冊です。

A5判 152頁
本体 1,760円＋税
図書番号 1328

「感動のドラマ」を生む学級づくりの原則

岸本勝義 著

子どもの可能性を引き出す！ドラマを生む学級づくりの極意

「感動のドラマ」はどの学級にでも起こせる！「人とつながる素晴らしさ」「自分の力を他に生かす喜び」「協働」の経験は、卒業後も子供達の力となります。実際に起こったドラマの実例と、裏側にある教師の工夫を豊富に入れてまとめた「ドラマ」を生む学級づくりの秘訣。

A5判 136頁
本体 1,600円＋税
図書番号 1295

資料増補版 必ず成功する「学級開き」魔法の90日間システム

堀 裕嗣 著

学級経営の縦糸と横糸を結ぶ！勝負が決まる学級開き90日

学級経営の成否が決まる、学級開きからの大切な90日間。「3・7・30・90の法則」で学級経営が必ず成功する"魔法の90日間システム"を、具体的な実践事例をもとに解説しました。2012年発刊の書籍に理論と実物資料を加えて内容に厚みを増した増補版です。

A5判 168頁
本体 1,700円＋税
図書番号 1556

明治図書　携帯・スマートフォンからは **明治図書ONLINE** へ　書籍の検索、注文ができます。▶▶▶

http://www.meijitosho.co.jp　＊併記4桁の図書番号（英数字）でHP、携帯での検索・注文が簡単に行えます。

〒114-0023　東京都北区滝野川7-46-1　ご注文窓口　TEL 03-5907-6668　FAX 050-3156-2790

子どもを軸にした カリキュラム・マネジメント
教科をつなぐ『学び合い』アクティブ・ラーニング
西川 純 編著

各教科の授業づくりで実現するカリキュラム・マネジメント

「教科の枠組みを越えた力」はどうつける？カリキュラム・マネジメントで目指す力は、教科をつなぐ『学び合い』アクティブ・ラーニングで実現出来る！教科を横断した力をつける各教科の授業づくりについて，子どもを軸にしたカリキュラム・マネジメントの視点から解説。

A 5 判　168 頁
本体 1,860 円＋税
図書番号 2719

平成28年版 中央教育審議会答申
全文と読み解き解説
大杉昭英 解説

全管理職必携！
全図版・全資料を収録した，新学習指導要領のポイントがまるわかりの1冊です。

全文&全資料収録！
答申のポイント＆キーワードを徹底解説

平成28年版「中央教育審議会答申」全文＆全資料に加え，読み解くポイントを，国立教育政策研究所・初等中等教育部長の大杉昭英先生が徹底解説。「カリキュラム・マネジメント」「主体的・対話的で深い学び」「見方・考え方」など，キーワード解説も入れた必携の1冊。

B 5 判　456 頁
本体 2,500 円＋税
図書番号 1366

スペシャリスト直伝！
中学校国語科授業 成功の極意
池田 修 著

国語科を実技教科に！アクティブな授業づくりのポイント

「国語科を実技教科に！」アクティブな国語科授業づくりのノウハウを授業実践とともに豊富に紹介。授業づくりの基礎基本から，生徒を熱中させる教材づくりのポイントや仕掛け，「ディベート」「作文」「物語の読解」「スピーチ」等の授業モデルまでをわかりやすく解説。

A 5 判　168 頁
本体 2,000 円＋税
図書番号 1342

THE教師力ハンドブック
自治的集団づくり入門
松下 崇 著

子どもに力をつけるチャンスは常にある！実践ナビゲート

子どもたちに「自ら考え，行動する力」を。上手くいかないのは，知らないうちに「教師の意のままに動く」ことを良しとしているからなのかもしれません。自治的集団づくりでは，教師は子どもたちの何を見取り，評価するのか？すぐに使える実践例と指導のポイントが満載。

四六判　144 頁
本体 1,600 円＋税
図書番号 1447

明治図書　携帯・スマートフォンからは **明治図書 ONLINE** へ　書籍の検索，注文ができます。
http://www.meijitosho.co.jp　＊併記4桁の図書番号（英数字）でHP，携帯での検索・注文が簡単に行えます。
〒114-0023　東京都北区滝野川 7-46-1　ご注文窓口　TEL 03-5907-6668　FAX 050-3156-2790

学級を最高のチームにする極意

クラスがまとまる！協働力を高める活動づくり
小学校編 中学校編　赤坂 真二 編著

対話と協働で力をつける！アクティブな活動づくりの秘訣

「よい授業」をしている先生は、「よい学級」を作っています。魅力的な学びある授業の土台には、「対話と協働」が自然に出来るクラスづくりが不可欠。子どもが変わる！クラスが変わる！アクティブな活動づくりの秘訣を、豊富な実践モデルで紹介しました。

小学校編
A 5 判　144 頁　本体 1,660 円＋税
図書番号 2554

中学校編
A 5 判　152 頁　本体 1,700 円＋税
図書番号 2555

学級を最高のチームにする極意
教室がアクティブになる学級システム
赤坂 真二 編著

子どもが見違えるように変わる！学級システムづくりの極意

「機能するクラス」には、子ども達が自ら動き、円滑な生活を送れるシステムがある！日直や給食、清掃などの当番活動、係活動・行事活動など普段の活動にも認め合うことや交流を促すためのシステムを加えることで学級は劇的に変わります。アクティブな学級づくりの秘訣。

A 5 判　184 頁
本体価格 1,860 円＋税
図書番号 2588

授業をアクティブにする！365日の工夫 1年から6年

授業づくりの必読書

赤坂真二 編著
【図書番号・2721〜2726】
A 5 判　136〜176頁
本体価格 1,660円〜1,800円＋税

★ 主体的・対話的で深い学びを実践ナビゲート！いつでも始められる学期ごとの授業モデル。
★ 教師と子どもの会話形式で、「授業の流れ」がライブでわかる！
★ 「授業をアクティブにするチェックポイント」で、要点がまるわかり。

小学校の各学年で実現する「アクティブな授業づくり」を，1 学期ごと，各教科別の豊富な授業モデルで収録。教師と子どもの会話形式で「授業の流れ」がライブでわかり，「授業をアクティブにするチェックポイント」で要点チェック。主体的・対話的で深い学びを実践ナビゲート！

明治図書　携帯・スマートフォンからは **明治図書 ONLINE** へ　書籍の検索，注文ができます。

http://www.meijitosho.co.jp　＊併記 4 桁の図書番号（英数字）でHP，携帯での検索・注文が簡単に行えます。

〒114－0023　東京都北区滝野川 7－46－1　ご注文窓口　TEL 03－5907－6668　FAX 050－3156－2790

＊価格は全て本体価格表示です。